Perfectae Caritatis

Coleção Revisitar o Concílio

Ad Gentes: texto e comentário
Estêvão Raschietti

Apostolicam Actuositatem: texto e comentário
Antonio José de Almeida

Dei Verbum
Geraldo Lopes

Gaudium et Spes: texto e comentário
Geraldo Lopes

Inter Mirifica: texto e comentário
Joana T. Puntel

Lumen Gentium: texto e comentário
Geraldo Lopes

Perfectae Caritatis
Cleto Caliman

Revisitar o Concílio Vaticano II
Dom Demétrio Valentini

Sacrosanctum Concilium: texto e comentário
Alberto Beckhäuser

*Unitatis Redintegratio, Dignitatis Humanae,
Nostra Aetate: textos e comentários*
Elias Wolff

vida em comum 78

clausura das monjas 81

hábito religioso 82

rmação dos religiosos 83

ndação de novos Institutos 85

nservação, adaptação e abandono das obras próprias 87

titutos e mosteiros decadentes 89

ião de Institutos 90

nferências de Superiores Maiores 91

vocações religiosas 92

nclusão 94

mulgação 95

Cleto Caliman

Perfectae Caritatis
Texto e comentário

Paulinas

Dados Internacionais de Catalogação na Publicação (CIP)
(Câmara Brasileira do Livro, SP, Brasil)

Caliman, Cleto
     Perfectae Caritatis / texto e comentário Cleto Caliman. – São
Paulo : Paulinas, 2012. – (Coleção revisitar o concílio)

     ISBN 978-85-356-3286-6

     1. Concílio Vaticano (2. : 1962-1965). Decreto sobre a
renovação da vida religiosa 2. Documentos oficiais 3. Ecumenismo
4. Igreja Católica - História - Século 20 5. Vida monástica e religiosa
I. Título. II. Série.

12-09830   CDD-262.52

Índice para catálogo sistemático:

1. Concílio Vaticano 2ª : Perfectae Caritatis : Comentários   262.52

1ª edição – 2012

Direção-geral:
Bernadete Boff

Editores responsáveis:
Vera Ivanise Bombonatto
Antonio Francisco Lelo

Copidesque:
Anoar Jarbas Provenzi

Coordenação de revisão:
Marina Mendonça

Revisão:
Ruth Mitzuie Kluska

Gerente de produção:
Felício Calegaro Neto

Assistente de arte:
Ana Karina Rodrigues Caetano

Projeto gráfico:
Telma Custódio

Diagramação:
Manuel Rebelato Miramontes

Nenhuma parte desta obra poderá ser reproduzida ou transmitida
por qualquer forma e/ou quaisquer meios (eletrônico ou mecânico,
incluindo fotocópia e gravação) ou arquivada em qualquer sistema ou
banco de dados sem permissão escrita da Editora. Direitos reservados.

Paulinas
Rua Dona Inácia Uchoa, 62
04110-020 – São Paulo – SP (Brasil)
Tel.: (11) 2125-3500
http://www.paulinas.org.br – editora@paulinas.com.br
Telemarketing e SAC: 0800-7010081
© Pia Sociedade Filhas de São Paulo – São Paulo, 2012

Sumário

Introdução ....

I. Situação ao alvorecer do Vaticano II.........................

II. O Concílio Vaticano II e a vida religiosa ....

III. A vida religiosa na etapa pós-conciliar...................

TEXTO E COMENTÁRIO

Proêmio ....

Princípios gerais para a conveniente renovação ....

Critérios práticos para a renovação..............................

Quem há de fazer a renovação ....

Alguns elementos comuns a todas as formas
de vida religiosa ....

Primazia da vida espiritual...

Institutos inteiramente dedicados à contemplação ....

Institutos dedicados à vida apostólica ....

A fidelidade à vida monástica e conventual ....

A vida religiosa laical ....

Os Institutos seculares...

A castidade ....

A pobreza ....

A obediência ....

Introdução

No dia 11 de outubro de 1962 o Papa João XXIII abria solenemente, na basílica de São Pedro, o XXI Concílio Ecumênico, o Vaticano II. Esse evento foi saudado como um novo Pentecostes para a Igreja. Hoje estamos justamente há 50 anos desse grande acontecimento. Cabe-nos não apenas lembrar o evento, mas revisitá-lo, trazendo-o ao nosso tempo para dele aprendermos os novos caminhos que o Espírito nos aponta no século XXI. Só assim a história se faz mestra da nossa vida eclesial. Na verdade, já dizia o Papa Paulo VI em carta a um Congresso de Teologia pós-conciliar, ainda em 1966: "A tarefa do Concílio Ecumênico não está completamente terminada com a promulgação de seus documentos. Esses, como ensina a história dos Concílios, representam antes um ponto de partida que um alvo atingido. É preciso ainda que toda a vida da Igreja seja impregnada e renovada pelo vigor e pelo espírito do Concílio, é preciso que as sementes de vida lançadas pelo Concílio no campo que é a Igreja cheguem a plena maturidade".[1]

Se o Concílio é um "ponto de partida", é sadio revermos o caminho já percorrido, retomando o Decreto

---

[1] Texto citado por KLOPPENBURG, B. *Compêndio do Vaticano II*. Vozes: Petrópolis, 1967. p. 7 (Introdução geral).

Perfectae Caritatis, sobre a renovação da Vida Religiosa (= VR). Introduzimos nosso *comentário* ao texto desse importante documento conciliar: (1) com um breve aceno à situação sociocultural, eclesial e da VR das décadas de 1950 e 1960; (2) em seguida fazemos um sobrevoo do Concílio, de sua realização e da produção do texto conciliar sobre a Renovação da VR; (3) por fim, tratamos da VR nos tempos pós-conciliares em busca de uma nova "figura histórica".[2]

---

[2] Em nossa introdução e comentário ao texto do Decreto Conciliar sobre a VR nos servimos fundamentalmente dos trabalhos de: FOGLIASSO, E. *Il Decreto "Perfectae Caritatis" sul Rinnovamento della Vita Religiosa*. Torino/ Leumann: ELLE DI CI, 1967. WULF, F. Einleitung und Kommentar (zum *Perfectae Caritatis*). *Lexikon fuer Theologie und Kirche* 13, 1986, pp. 250-305. TILLARD, J. M. R.; CONGAR, Y. (org.), *L'Adaptation et la Rénovation de la vie religieuse. Décret "Perfectae Caritatis"*. Paris: Ed. du CERF, 1967. GALOT, J. *Les Religieuses dans l'Église*. Paris: Lethielieux, 1966. Outras indicações estão normalmente nas notas de rodapé.

I

Situação ao alvorecer do Vaticano II

O Documento de Aparecida parte do pressuposto de que vivemos hoje sob a pressão de uma "mudança de época", parecida com a que representou a passagem da humanidade pré-letrada para a letrada.[1] A invenção da escrita foi um salto qualitativo na história humana. Em nossos dias, passamos da era da escrita à era midiática. Na prática, isso significa que os tempos de hoje, do século XXI em corrida veloz, já não são os tempos do Concílio de 50 anos atrás. Vivemos numa nova época, marcada pela revolução midiática.

O Concílio realizou-se na década de 1960, chamada de "anos dourados" da modernidade. Mas são também os anos do fim da era moderna. Isso significa que, passados 50 anos, a moldura sociocultural, eclesial e da VR se transformou e nos coloca o desafio de encontrar o fio da continuidade na descontinuidade dos tempos, ou seja, da mudança de época. Para melhor compreendermos essa mudança de época para a VR, fazemos uma distinção

---

[1] PUNTEL J. Midiatização/Mediatização. Novo cenário contemporâneo. Em: INP. *Pastoral urbana*; categorias de análise e interpelações pastorais. Brasília: CNBB, 2010. pp. 227-255. A autora parte da hipótese de que estamos passando da era da escrita para a era da comunicação midiática. Milênios atrás a humanidade havia passado da era da comunicação oral para a da escrita. Foi uma revolução que hoje se perfaz da era da escrita para a era da informação planetária e imediata.

fundamental entre continuidade estrutural e descontinui-dade conjuntural. A continuidade estrutural indica que a VR é e continua sempre expressão do caminho evangélico do seguimento de Jesus Cristo e não pode deixar de ser tal, sob pena de trair sua raiz evangélica, deixando de ser sal da terra e luz do mundo. Do ponto de vista da conjuntura histórica, na verdade, os tempos hoje são outros. Sob o aspecto da descontinuidade conjuntural, a VR deve se renovar sempre em suas formas históricas para preservar de forma dinâmica e criativa o espírito que recebeu do Evangelho e ser, assim, sinal claro e eminente do Reino.

Outro passo, também ele importante, é definir em que se situa a continuidade e em que a descontinuidade na mudança dos tempos. J. B. Libanio avança uma hipótese que pode nos ajudar a compreender melhor o processo histórico que diz respeito não apenas à sociedade, mas também à Igreja e, nela, à VR. Ele enuncia assim a sua tese: "O Concílio Vaticano II dirigiu-se a um sujeito social diferente daquele com que até então a Igreja Católica dialogava predominantemente. O sujeito anterior construíra-se na pré-modernidade, enquanto o novo sujeito social era moderno".[2] Caracteriza-se, desta forma, uma verdadeira ruptura. Abre-se a necessidade de aplicar, por um lado, uma hermenêutica de continuidade, pela qual se reafirma o conteúdo da fé, o *depositum fidei*, isto é, aquelas verdades fundamentais que a Igreja não pode renunciar. Em nosso caso, a perene doutrina sobre a VR, cujas raízes se encontram no Evangelho, é um legado irrenunciável. Por outro, pode-se também falar de uma hermenêutica da

---

[2]   LIBANIO, J. B. *Concílio Vaticano II*; em busca de uma primeira compreensão. São Paulo: Loyola, 2005. p. 12.

descontinuidade ou da ruptura, na medida em que trabalhamos os elementos da nova conjuntura histórica, sua sensibilidade específica, seus elementos culturais. Assim, o sujeito social moderno traz consigo a novidade para uma nova linguagem, novo revestimento linguístico, que traz as marcas dos tempos novos. O Papa João XXIII em seu discurso de abertura do Concílio expôs com clareza meridiana esse ponto: "Uma é a substância da antiga doutrina, do *depositum fidei*, e outra é a formulação que a reveste". Esse princípio pode ser aplicado também à doutrina sobre a VR.

E o que nos trouxeram os novos tempos do ponto de vista sociocultural, eclesial e da VR? Acenamos apenas por alto a esses pontos, o suficiente para melhor compreendermos o itinerário do Concílio, no que diz respeito à renovação da VR.

O *primeiro* aspecto refere-se à dimensão sociocultural, sobretudo depois da Segunda Guerra Mundial (1939-1945). O pós-guerra se caracteriza pela *pax americana*. A hegemonia dos Estados Unidos no Ocidente capitalista, no entanto, é contrastada pela ascensão da União Soviética socialista. O confronto entre os dois blocos foi marcado pela corrida armamentista para as poderosas armas nucleares dos dois lados, a que se seguiu a corrida pela conquista do espaço. Era o tempo da "guerra fria". As décadas de 1950 e 1960 foram chamadas de "anos dourados".[3] Por um lado, pelas conquistas sociais do Ocidente em franco progresso, capitaneado pelos americanos, pelo charme da era Kennedy. Os conflitos bélicos entre as potências se

---

[3] HOBSBAWM, E. *Era dos extremos*; o breve século XX – 1914-1991. São Paulo: Companhia das Letras, 1995. pp. 253-281 (sobre justamente os "anos dourados").

travam na periferia: guerra da Coreia, do Vietnã e outras. Entretanto, a modernidade charmosa e encantada consigo mesma chega no final da década de 1960 ao esgotamento. Novos tempos se anunciam com a revolução dos jovens de 1968. Eles não querem mais ser usados pelas grandes ideologias e suas empreitadas. Querem viver. "Faça amor e não faça a guerra", "é proibido proibir" e outros motes apontam para a crise da razão moderna, a entronização da "razão fraca" do prazer de "curtir" o presente, do presentismo imediatista, do *carpe diem*, goza o tempo presente, que o passado já foi e o futuro ainda não apareceu! É o que se convenciona chamar hoje de pós-modernidade.

O nosso *segundo* ponto é o da *situação eclesial*. A duras penas a Igreja do Ocidente começa a se mover, apesar do rígido controle da era piana (dos papas Pios). O último da série, o Papa Pio XII, de personalidade ascética e forte, consegue conter até certo ponto as mudanças a que se propunham os vários movimentos de renovação que começavam a avançar na Igreja. A seu modo, eles preparam o Concílio.[4]

Outro aspecto a observar é o declínio da *nova cristandade*, pelo avanço das sociedades modernas e do processo de secularização. Na verdade, a cristandade como realidade política deixou de existir a partir do século XIV. Aos poucos vai se formando um novo mundo, autônomo e secular, pela emergência da burguesia, vitoriosa na Revolução Francesa de 1789. Os tempos passam e a Igreja, ainda no século XIX, busca uma aproximação com a sociedade secularizada da modernidade. A nova cristandade

---

[4] Cf. LIBANIO, *O Concílio Vaticano II*, pp. 21-48. O autor oferece uma visão dos vários movimentos que preparam o Concílio.

significou, pois, na nova situação histórica, um processo de "reconquista" de espaço social e político, encabeçado pela hierarquia eclesiástica. Se na cristandade medieval o poder eclesiástico era hegemônico, na nova situação de uma sociedade secular, a hierarquia eclesiástica entra no todo social pela porta do poder de uma classe, a burguesa. Essa aliança lhe possibilita manter a antiga pretensão de tutela da sociedade. Essa nova situação, todavia, se mostrou provisória. As transformações sociais, políticas e econômicas conduzem a Igreja para o campo aberto da sociedade pluralista.

Contra a modernidade e sua razão ilustrada a Igreja havia adotado, desde os tempos de Gregório XVI (papa de 1831 a 1846), a política do confronto. Contra o erro não há condescendência. É a política do bastão. Multiplicam-se as condenações dos erros modernos e de quem ousasse propor alguma novidade na Igreja. Foi assim contido o movimento modernista do final do século XIX e início do século XX; a *nouvelle théologie*, que teve seu ápice de florescimento na década de 1940 a 1950, e foi contida pela Encíclica *Humani Generis* de Pio XII (1950). Mas essa política de confronto e isolamento se esgota. O modelo de uma Igreja isolada já não responde mais à realidade da Igreja do século XX.

O esgotamento da apologética do confronto antiprotestante pelo crescimento do movimento ecumênico, primeiro no âmbito protestante e, mais tarde, também entre os católicos, faz surgir novas vozes de diálogo. Depois de cerca de 400 anos de fixismo e de imobilismo doutrinal, de uniformidade e de centralismo, a Igreja Ocidental abre os olhos para os demais cristãos e os novos interlocutores no mundo moderno e inicia um novo caminho de diálogo. Foi a novidade que o Papa João XXIII anunciou com a convocação do Concílio Vaticano II.

Um *terceiro* aspecto nos conduz agora ao nosso objetivo: a VR na época pós-tridentina. Na sua relação com a sociedade e a Igreja, a VR mantém sempre um duplo registro. Por um lado, ela mantém uma relação de autonomia, enquanto ela regula o seu ritmo interno de vida. Por outro, uma relação de dependência, na medida em que a própria VR é vivida dentro das estruturas históricas da sociedade e da Igreja.

No caso da Igreja pós-tridentina, vimos o florescer de Institutos religiosos ligados à cristandade em função do reforço às suas instituições, sobretudo as "instituições sociais" de uma Igreja que se compreende como "sociedade perfeita", voltada sobre si mesma e distanciada do processo histórico da modernidade. A VR desse período está profundamente marcada pela suspeita em relação ao mundo moderno, seguindo a orientação do próprio magistério dos papas.

Mas há também outra relação tensa e crispada com o mundo protestante, contra os quais valia a apologética contra "os hereges". Essa situação de confronto tanto com o mundo moderno quanto com o protestantismo se mantém viva, na prática, até o Concílio Vaticano II. Como exemplo desse confronto, lembramos a I Conferência Geral do Episcopado Latino-Americano do Rio de Janeiro (1955). De um lado, é interessante notar que nessa época da década de 1950 já se esboça a redescoberta da dimensão social da fé. A Igreja já ensaiava uma tímida abertura ao mundo moderno, na nova cristandade, conforme a conhecida tese de Jacques Maritain.[5] Ele partia do pressuposto de que a secularização é um fato irreversível e se fazia então a seguinte questão: como a Igreja deve se situar dentro de um mundo secular? A sua resposta: a Igreja deve buscar um novo arranjo histórico com a sociedade secular: deve construir um regime cristão para um mundo secular. Um tipo de abertura assim ainda não havia acontecido tão claramente com o mundo protestante. Persistia ainda o clima de apologética antiprotestante.[6]

A irrupção do sujeito social moderno dentro da Igreja traz profundas consequências para a própria Igreja e, dentro dela, para as Instituições religiosas. Aqui poderíamos já adiantar, de modo apenas indicativo, que essa irrupção do sujeito social moderno se dá sob duas vertentes: a da primeira modernidade, marcada pela hegemonia do sujeito burguês; a da segunda modernidade, marcada pela emergência do sujeito popular ou, na nossa linguagem latino-americana, pela emergência dos pobres na sociedade e na Igreja.

Em síntese, por mais que a VR se compreenda distante do mundo e mesmo da Instituição-Igreja, ela se desenvolve sempre numa relação ora mais conflitiva ora mais harmônica com o seu "lugar" histórico: o mundo, a sociedade que lhe é contemporânea, e a Igreja dentro da qual é chamada a viver sua vocação. O Concílio Vaticano II dá uma sacudida na VR tradicional, convocando-a a uma

---

[5]   Cf. MARITAIN, J. *Humanismo integral*. São Paulo: Companhia Editora Nacional, 1965. pp. 122-128. O original francês apareceu em 1936.

[6]   O título VII do Documento do Rio de Janeiro reza assim: *Protestantismo e Movimentos anticatólicos: preservação e defesa da fé*. O n. 69 da edição típica Vaticana vinha com a rubrica "reservado".

transição junto com toda a Igreja,[7] para que ela seja VR numa Igreja dentro do mundo contemporâneo. É o nosso próximo assunto.

---

[7] Sobre essa transição, é ilustrativo o livro de Almeida, A. *Lumen Gentium*; a transição necessária. São Paulo: Paulus, 2005.

II

O Concílio Vaticano II e a vida religiosa

O Concílio foi anunciado pelo Papa João XXIII[1] no dia 25 de janeiro de 1959, quatro meses depois de sua elevação à Sé de Pedro. Foi uma surpresa. Eleito como papa de transição, coloca agora em movimento toda a Igreja para o que ele mesmo chamou de *aggiornamento*. Contra a vontade de muitos hierarcas, especialmente da cúria romana, ele quer literalmente *colocar em dia* a Igreja em vista da "renovação da vitalidade da Igreja". A convocação formal do Concílio se deu com a Constituição Apostólica *Humanae Salutis*, de 25 de dezembro de 1961. Na visão do bom Papa João, a VR era importante para a Igreja. Por isso, esse tema não poderia ficar de fora.[2]

Antes mesmo da convocação oficial do Concílio, no Motu Proprio *Superno Dei Nutu*, o papa encaminhou a formação da Comissão Preparatória para a Vida Religiosa, no dia 15 de junho de 1960. Essa Comissão começou a trabalhar as cerca de 558 propostas que chegaram a Roma

---

[1] Angelo Roncalli foi eleito papa dia 28 de outubro de 1958 e veio a falecer dia 3 de junho de 1963, depois de um breve, mas claramente renovador, pontificado de 4 anos e 9 meses.

[2] Cf. VALENTIM, D. *Revisitar o Concílio*. São Paulo: Paulinas, 2011.

de todas as partes. Esse trabalho imenso durou de 1960 a 1962. O resultado foi um texto intitulado *De Statibus Perfectionis Adquirendae*, ou seja, sobre os Estados para adquirir a perfeição. O resultado do trabalho dessa Comissão Preparatória, depois de 45 sessões, chegou a 200 artigos, levados à impressão em janeiro de 1962. Esse ingente trabalho foi logo colocado à prova pelas suas deficiências. Entregue à Comissão Central Preparatória do Concílio, recebeu logo muitas observações críticas e, por isso, foi logo revisto por uma subcomissão da Comissão Preparatória dos Religiosos. O resultado deveria esperar o início dos trabalhos conciliares. Esse foi o *schema* (= *esquema* de ora em diante) que foi enviado aos participantes do Concílio.

Antes mesmo de ser apresentado na aula conciliar, esse *esquema* reformulado recebeu a crítica severa pelo seu tom jurídico, que espelhava o magistério dos papas e as orientações da Congregação para a VR dos últimos dois séculos. Como se dizia na época, essa é a versão dos juristas. Não continha afirmações teológico-espirituais que respondessem à condição carismática da VR na Igreja. Assim não poderia responder também à crise que a VR já vinha manifestando.

O passo seguinte ajudou a superar o primeiro impacto do texto que vinha sendo preparado. Foi a formação da Comissão Conciliar *de Religiosis*, no dia 6 de agosto de 1962. Essa Comissão começa a trabalhar já em vista do primeiro período conciliar. Logo chega à Comissão *de Religiosis* a orientação da Comissão Teológica Central e do papa, que se ocupava justamente em articular o conjunto dos *esquemas*. Assim, o *esquema* da Comissão *de Religiosis* recebeu a orientação de abreviar, sintetizar o texto, formulando só os princípios gerais. A Comissão e seus peritos apresentam então a versão encurtada à Comissão Central de Coordenação do Concílio, em março de 1963. O novo *esquema*, agora encurtado, recebe as observações críticas do Cardeal Döpfner, relator da Comissão Central de Coordenação. Aqui queremos apenas fazer um breve resumo do que revelam as críticas ao texto agora proposto: (1) falta um aprofundamento bíblico e teológico; (2) não se percebem orientações concretas para a renovação da VR; (3) não basta precaver-se do espírito mundano. É preciso também reconhecer que, da parte da VR, há desconhecimento da realidade do mundo de hoje. Depois dessas observações, o texto encurtado foi aprovado para ser enviado a todos os Padres Conciliares, no dia 24 de abril de 1963. Dos 200 artigos do *esquema* anterior, sobraram apenas 51!

Antes que o novo *esquema* fosse debatido na aula conciliar, em diferentes níveis, sublinhamos sinteticamente os principais aspectos que foram objeto de discussão:

Primeiro: constata-se logo que há diferentes abordagens do que realmente deve ser a renovação da VR. Fala-se em linguagens diferentes. Os que defendem uma abordagem mais ascética e jurídica tendem justamente a retomar as normas tradicionais, atualizando-as para o novo momento histórico. Os que pretendem dar uma orientação mais teológico-espiritual são de outro aviso. A renovação da VR se dá não no campo das normas mas sim no campo da vida espiritual, onde se vive a e se alimenta da opção fundamental pelo caminho evangélico do seguimento de Jesus Cristo.

Segundo: no decorrer dos tempos, a própria VR se torna "histórica". Na sua figura histórica ela não é imutável. Começa a ser lida junto com a realidade do mundo em mudança. Acresce a isso o fato de que o Papa João XXIII havia definido que o Concílio devia ser *pastoral*, abrindo--se à realidade do mundo contemporâneo à luz da fé. É evidente que também a VR deveria trilhar esse caminho de redescoberta do mundo de hoje não simplesmente para aceitá-lo como ele é, mas em vista de uma presença mais eficaz do Evangelho no mundo.

Terceiro: nos debates logo aparece uma questão central, inevitável: o que é a VR na sua relação com a vida cristã mais geral? Hoje talvez essa questão nos pareça superada. Mas nem tanto. Há aqueles que ainda cultivam a saudade da visão da VR, consagrada por Tomás de Aquino.[3] Ele espelhava a vida monástica clássica, recolhida e distante do mundo profano. O cristão que vivia no *saeculum*, no mundo profano, fora do lugar sagrado, era cristão de segunda classe. Ora, essa visão não condiz com os novos tempos. O próprio Concílio amadurece a perspectiva de uma eclesiologia integral do povo de Deus, dentro do qual todos os batizados e batizadas são iguais em dignidade e chamados à santidade. A Constituição Dogmática sobre a Igreja *Lumen Gentium*, no capítulo V, vai falar da *Vocação universal à santidade na Igreja*. Portanto, a discussão sobre a relação da VR com a vida cristã mais geral era inevitável. Ela deveria se articular com o pensamento mais geral do Concílio. Portanto, a discussão quer superar a compreensão tradicional da VR como "classe" à parte em relação aos cristãos "do mundo". À medida que amadurece a reflexão eclesiológica para uma nova compreensão da Igreja, também a VR vai sendo compreendida em consonância com ela, na afirmação da igualdade fundamental de todos os batizados, fruto da "virada eclesiológica"

---

[3]   *Summa Theologica* II-II q. 44 q. 4 ad 2 et 3; I-II q 108 a. 1 ad 2; a. 4 c.

dada pelo Concílio no capítulo III da *Lumen Gentium* e na vocação universal à santidade na Igreja, tema tratado no capítulo V da *Lumen Gentium*. Há um só caminho para a santidade na Igreja: Jesus Cristo e seu Evangelho.

Quarto: o tema da VR contemplativa e apostólica. O Concílio evitou a expressão "VR ativa" para evitar ambiguidades na sua compreensão, como se bastasse a vivência da missão sem o cultivo da vida espiritual, alimentada pela Palavra de Deus, pela oração e pela vida sacramental. Assim, o texto da *Perfectae Caritatis* prefere dizer VR apostólica. O cerne do debate está no primado da "contemplação interior" como essencial para toda a vida cristã, contra o ativismo que acentua unilateralmente o compromisso apostólico. Quer dizer: a contemplação é necessária para a "perfeição do amor" a que todo batizado e batizada devem tender. Essa perfeição do amor é o ponto para o qual converge toda a vida cristã, é uma exigência de toda vida cristã. Para isso era importante afirmar a unidade indivisível de contemplação e apostolado, contemplação e vida apostólica; e depois afirmar que essa unidade é vivida conforme vocações e carismas específicos, conforme os vários dons que o Espírito Santo reparte "a cada um como lhe apraz" (1Cor 12,11). Encontrou-se a fórmula, que em latim soa assim: *Tota vita religiosa spiritu apostolico imbuatur; tota autem actio apostolica spiritu religioso informetur* ("Toda vida religiosa seja impregnada pelo espírito apostólico; por seu lado, toda ação apostólica seja penetrada pelo espírito religioso").[4] Com essa fórmula se afirma ao mesmo tempo a unidade essencial da vida cristã e a

---

[4] Essa formulação é contribuição do Superior-Geral da Sociedade missionária de Scheut.

distinção das duas dimensões que devem expressar a própria vida cristã de todos, a partir da diversidade dos dons do Espírito, a dimensão que nos situa diante de Deus e a dimensão que nos situa diante dos outros. Desta forma, se afirma a unidade dos dois mandamentos do Senhor: o amor a Deus e ao próximo. Eles são inseparáveis. O amor a Deus exige o amor ao próximo e, vice-versa, o amor ao próximo aponta para o amor a Deus.

O segundo período conciliar de 1963 ainda não chegou a discutir na aula conciliar o documento que, por orientação da Comissão Teológica Central do Concílio, fora sintetizado em proposições curtas e essenciais, colocando no centro o que deve ser a *suprema lex*, a norma suprema da renovação que o Concílio estava buscando: o seguimento de Jesus Cristo e seu Evangelho. Nessa etapa o plenário do Concílio estava ocupado com as discussões do *Esquema De Ecclesia*, sobre a Igreja.

Mesmo não sendo debatido na aula conciliar, a Comissão conciliar para a VR continuou sua tarefa, analisando as muitas contribuições críticas vindas dos Padres conciliares. Ressaltamos algumas que ajudaram a clarear a compreensão do resultado final: (a) quanto ao título: o Decreto tinha a expressão "estados de perfeição". Essa maneira de falar soa à visão tradicional de uma "classe" especial em relação aos fiéis leigos. Foi-se em busca de outro título, agora *De Religiosis*; (b) quanto ao texto, a crítica é que ele seria ainda por demais jurídico e pouco pastoral. Não segue, assim, a orientação geral do próprio Concílio, dada pelo Papa João XXIII. O Concílio devia ter uma orientação pastoral, mais do que doutrinal; (c) quanto às questões referentes à renovação da VR: o texto aqui recebe a crítica de que não enfrentava os problemas mais profundos da renovação da VR nas dimensões antropológica e psicológica. Nele não se toca na crise da VR que, então, já aparecia como clara e evidente.

Como resultado dessa etapa, temos uma troca provisória do título até que se encontrasse melhor formulação. Não mais *De statibus Perfectionis Adquirendae*, mas *De Religiosis*. Mas logo esse título caiu. Ele foi para o capítulo VI da *Lumen Gentium*, para compor o conjunto: Povo de Deus (capítulo II), Constituição hierárquica da Igreja (capítulo III), Leigos (capítulo IV), Vocação universal à santidade na Igreja (capítulo V) e os Religiosos (capítulo VI). Na *Constituição Dogmática sobre a Igreja* os Padres Conciliares ofereceram, em grandes linhas, os elementos teológico-espirituais da VR nos conselhos evangélicos.

O terceiro período do Concílio (1964) foi muito proveitoso para o resultado final do texto sobre a VR, a começar do título, que passou a ser: *De Accommodata Renovatione Vitae Religiosae*, ou seja, da conveniente renovação da VR. Esse novo texto, agora reduzido a 21 proposições, sob pressão da Comissão Teológica Central, bem enxuto, foi finalmente submetido à discussão do Plenário conciliar em outubro de 1964. Recebeu uma avalanche de "modos" (as emendas dos Padres conciliares eram chamadas de *modi*). Foram cerca de 14 mil *modi*. Sobre eles logo se debruçaram os peritos da Comissão para os Religiosos. O imenso trabalho de elaboração e reelaboração chegou a bom termo e resultou em alguns pontos, numa direção agora mais firme e concreta, do Concílio na compreensão da VR. Vejamos:

a)   o aprofundamento da autocompreensão da VR em sua dimensão teológico-espiritual;

b) a superação de uma visão jurídica e ascética unilateral, que havia prevalecido pelo menos nos últimos séculos;

c) o acento nos conselhos evangélicos como expressão do seguimento de Jesus Cristo como essencial à VR;

d) o aprofundamento da dimensão cristológica e eclesiológica da VR;

e) o acento sobre a natureza carismática da VR como testemunho do Reino, ou seja, a sua dimensão escatológica;

f) a clareza de que a nova compreensão teológico-espiritual postulava a renovação das estruturas da VR;

g) o fato de a VR ser regida pela "lei da fraternidade", onde todos os membros devem ser considerados realmente como irmãos.

Os pontos acima elencados pautaram os debates e orientaram o trabalho de aperfeiçoamento do texto. Agora, com a direção já indicada pela discussão na aula conciliar, a Comissão Conciliar para a VR podia fazer, de fato, o refinamento do texto final do Decreto. Os cerca de 14 mil *modos* foram sintetizados pelos peritos em 400 modos. De fato, muitos repetiam as mesmas ideias.

Assim, chegamos ao quarto e último período conciliar de 1965. Ele já recolhe os frutos maduros de todo o processo de reflexão e aprofundamento dos Padres Conciliares. O texto chega, com o total de 25 proposições, à votação de 6 a 11 de outubro: dos 2.142 presentes, recebeu a aprovação de 2.126, com 13 votos contra e 3 nulos. Foi promulgado solenemente pelo Papa Paulo VI no dia 28 de outubro, depois de uma votação conclusiva de 2.321 a favor e 4 votos contra.

O Decreto conciliar *Perfectae Caritatis* – as duas primeiras palavras latinas do texto final – não pode e nem deve ser lido isoladamente do conjunto do Concílio. Sua hermenêutica deve ter em conta, portanto, o resultado de todo o Concílio e, em especial, da convergência entre o Decreto e as orientações mais amplas da Constituição Dogmática sobre a Igreja, *Lumen Gentium*, especialmente o capítulo VI, sobre os Religiosos, bem como de outros documentos conciliares como *Christus Dominus*, sobre o Múnus pastoral dos Bispos (nn. 33-35), a Constituição *Sacrosanctum Concilium*, sobre a Liturgia (nn. 80, 98, 101), e o Decreto *Ad Gentes*, sobre a Atividade missionária da Igreja (nn. 18 e 40). Por fim, é indispensável ter em consideração o *Motu Proprio* do Papa Paulo VI *Ecclesiae Sanctae*, que no imediato pós-concílio dá, em grandes linhas, as diretrizes para a conveniente renovação da VR, as *Normae ad exsequendum Decretum SS. Concilii Vaticani II "Perfectae Caritatis"* (Normas para a atuação do Decreto *Perfectae Caritatis* do SS. Concílio Vaticano II = *Normae*).

III

A vida religiosa na etapa pós-conciliar

O Concílio suscitou grande entusiasmo e muitas expectativas em todos os setores da Igreja, com exceção de alguns que durante o evento já se haviam colocado contra algumas de suas orientações mais inovadoras em relação à tradição recente da Igreja. Não pretendemos aqui abordar o caminho desses contestadores dos resultados conciliares. Basta-nos acenar para o fato de que também na VR havia os que, com ou sem razão, se posicionaram criticamente em face dos resultados do Concílio e às suas consequências. Na verdade, a maioria se colocou na busca de uma nova "figura histórica" da VR. Aqui nos interessa expor, em largos traços, o caminho que a VR tomou em nosso Continente nesses 50 anos do início do Concílio.

Tomando distância histórica do evento do Concílio, depois de 50 anos de seu início, não é difícil perceber que a VR teve que superar muitos escolhos, que não previra no imediato pós-concílio. A crise que já se anunciava antes mesmo do Concílio agora se torna explícita, sobretudo na VR ligada às Igrejas do Ocidente. Sem generalizar, podemos afirmar que a travessia desses 50 anos não foi tranquila. Antes, em alguns casos foi mesmo "tumultuada" por tendências conflitantes dentro dos próprios Institutos religiosos.

Acima assumimos a tese de Libanio sobre o Concílio como um todo. Nós nos apropriamos dela, aplicando-a à VR. Segundo essa tese, de um lado, temos os interesses ligados ao "sujeito social" tradicional, que pressiona a preservar a compreensão clássica da VR que vem desde a Idade Média e chega até as vésperas do Vaticano II. De fato, nessa época, cheia de conflitos religiosos no Ocidente cristão, com a separação das Igrejas da Reforma no século XVI, nascem muitos Institutos religiosos com novo espírito, diferente do espírito monacal e das Ordens Mendicantes. São religiosos que se dedicam não tanto à vida contemplativa à maneira da vida monacal, mas à assim chamada vida religiosa ativa. Eles nascem para se dedicar de corpo e alma à vida apostólica, orientados por carismas específicos. Formam "corpos apostólicos" especializados e bem organizados em vista da missão dentro da Igreja – agora em conflito com as Igrejas surgidas da Reforma – e em vista da missão nos confins da cristandade, nos "territórios de missão". Essa VR que nasce por essa época é portadora de uma visão da Igreja em confronto com a Reforma Protestante. Ela é animada, agora, não só pelo entusiasmo missionário *in partibus infidelium*, ou seja, no mundo fora da cristandade europeia, mas também pelo espírito apologético do período pós-tridentino, na defesa da fé católica contra a "heresia" protestante!

Há outro lado da questão. A Igreja dos tempos modernos se sente acuada não só no campo do cristianismo, agora dividido em Igrejas, mas também no campo político. Há uma relação crispada da Igreja com o "mundo novo" que vai crescendo e tomando forma na modernidade. Esse novo mundo reivindica autonomia diante da pretensão de tutela religiosa da Igreja. É um mundo secular que cada vez mais se centra no ser humano. Esse mundo novo é antropocêntrico. O magistério da Igreja coloca-se contra essa evolução da modernidade. A Igreja hierárquica se sente cada vez mais voltada sobre si mesma e sobre suas realizações históricas. Foi nessa época que a Igreja começa a se compreender como "sociedade perfeita", ou seja, que se percebe como uma realidade não só distinta, mas separada do mundo, da sociedade secular. Ela, assim, busca alcançar todos os meios para realizar seus fins.[1] Desse modo, A VR se transforma, nessa época, numa espécie de "tropa de choque" da hierarquia na defesa de seus interesses não só transcendentais, da fé e de suas expressões, mas também de pretensões históricas de poder que o sistema da cristandade ainda projetava no imaginário católico.

A situação histórica de uma Igreja isolada, na verdade, não se sustenta a longo prazo. Os fiéis não são "separáveis" da sociedade em constante transformação. Mais dia menos dia a própria Igreja começa a evoluir em direção à modernidade. Já no século XIX ela começa a se interessar de modo novo pelo movimento social, com as "coisas novas" que vão acontecendo e que não podem deixar a Igreja alheia às questões sociais. Nesse sentido, o Papa Leão XIII escreve a Encíclica *Rerum Novarum* (1891), preocupado com a questão operária. Organiza-se o laicato católico, nascem partidos políticos inspirados no cristianismo, entre outras coisas. Aos poucos, os cristãos tomam consciência de que a evolução dos tempos modernos

---

[1] Cf. "Constituição Apostólica 'Providentissima Mater'", de Bento XV, Festa de Pentecostes de 1917, no *Código de Derecho Canónico*. Madrid: BAC, 1951. p. XLI. Ali se diz que a Igreja foi adornada pelo seu Fundador de todas aquelas "notas que convêm a qualquer sociedade perfeita". Essa era uma das primeiras teses que todo estudante de teologia aprendia na Introdução ao Direito Canônico: "*Ecclesia est societas perfecta...*".

conduz a uma sociedade autônoma, livre e secular e que a situação de uma Igreja isolada, à margem do desenvolvimento histórico, revela-se transitória e mesmo insustentável. Assim nasce a nova cristandade como novo arranjo histórico entre Igreja e sociedade, Igreja e poder político.

A construção desse novo arranjo histórico revela o desconforto da visão de Igreja "fora" do mundo, como fortaleza inexpugnável ou a nave no mar encapelado e revolto da modernidade. E manifesta um novo passo histórico em direção aos novos tempos pelo reconhecimento dessa sociedade que se afirma autônoma e secular, que rejeita a tutela religiosa sobre seus caminhos.

De qualquer modo, criando um novo *modus vivendi* com o mundo secular, ainda não se deixa para traz o ranço da cristandade, com seu projeto de poder histórico a partir de suas próprias trincheiras. Na nova situação a Igreja expressa sua presença pública mediante as "Instituições cristãs" como partidos políticos, escolas, hospitais e o próprio laicato organizado, constituído a *longa manus* da hierarquia para manter a tutela religiosa sobre a sociedade secular.

O que acontece no Concílio é que nele se revela a presença dinâmica e ativa do "sujeito social" moderno, com suas demandas. Tal sujeito expressa nos textos conciliares a sua própria experiência histórica, o seu discurso com a respectiva compreensão do mundo e da história.

A situação anterior de "homogeneidade" católica favorecia essa estratégia de "ocupação" do espaço social. Com o avanço da modernidade e, agora, com o que se costuma chamar de pós-modernidade, esse espaço social se caracteriza cada vez mais pelo pluralismo cultural e religioso. A Igreja deve encontrar um caminho novo para se fazer presente no mundo como portadora do Evangelho de Jesus Cristo. Alguns caracterizam essa nova etapa da história como pós-cristã. Nela a Igreja não detém mais a posse tranquila do espaço cultural e, mesmo, do espaço religioso. A sociedade moderna se tornou um campo aberto de competição religiosa. As várias agências do sagrado – os diferentes grupos religiosos – oferecem os seus serviços cada vez mais através dos Meios de Comunicação Social.

Não pretendemos aprofundar, nessa introdução, a nova situação cultural e religiosa do nosso mundo. A nós interessa de imediato perguntar como a VR na América Latina e Caribe acolheu e concretizou as orientações básicas do Concílio para a VR na etapa pós-conciliar, como delineou o seu caminho de renovação e quais foram os passos mais importantes que deu nesses últimos 50 anos, percurso não sem escolhos, mas também irrigados pela graça da renovação.

Realizado o Concílio, o que segue é o processo por ele gerado da *recepção*. Esse conceito merece a nossa atenção. É um conceito teológico para expressar o processo histórico pelo qual o conjunto do Povo de Deus acolhe em sua vida e em sua história a grande experiência espiritual de um evento como o Concílio Vaticano II. Faz a sua experiência, movida pelo Espírito Santo, acolhendo as grandes orientações que recebe. Nesse processo o povo de Deus é participante ativo. Dá força histórica ao evento conciliar. Sem ele o Concílio ficaria letra morta. É claro que a apropriação do Concílio não se dá de forma automática. Na formulação dos textos conciliares, no nosso caso, no texto da *Perfectae Caritatis*, há um fenômeno que os hermeneutas chamam de "fusão de horizontes".[2] Todos na prática se encontram no texto. Parece que ele expressa uma mesma compreensão da vida eclesial, no nosso caso, da VR. O que acontece no processo de recepção? Ele se dá a partir de vários "lugares" ou situações existenciais e eclesiais. Cada grupo faz a leitura do mesmo texto a partir da própria história, de sua inserção social, de seu lugar dentro da Igreja. Na prática, o processo de recepção revela a diversidade de situações, de interesses que interferem agora na leitura do texto conciliar.

Antes de prosseguir, gostaríamos de destacar duas manifestações do magistério da Igreja: a Exortação Apostólica *Evangelica Testificatio*, sobre a renovação da Vida Religiosa segundo os Ensinamentos do Concílio, de Paulo VI (1971). Esse documento ecoa o imediato pós-concílio, orientando a recepção da *Perfectae Caritatis*; mais adiante, já na década de 1990, acolhemos a Exortação Apostólica Pós-sinodal *Vita Consecrata*, sobre a vida consagrada e a sua missão na Igreja e no Mundo, de João Paulo II (1996). Essa Exortação pós-sinodal faz eco já do processo de recepção do ensinamento do Concílio sobre a VR.[3]

---

[2] Essa expressão é de H.-G. Gadamer. Em 2002 o Card. K. LEHMANN, *Prospectivas do Vaticano II quarenta anos depois da abertura do Concílio.* Cf. *Il Regno-Att.* 18(2002) 632ss., para explicar o processo de recepção pós-conciliar, utiliza essa expressão de Gadamer, "fusão de horizontes" (cf. *Wahrheit und Methode.* Tuebingen: J. C. B. Mohr, 1965. pp. 284-290). É o fenômeno da construção do texto e sua posterior leitura. Os participantes da construção do texto projetam para dentro dele suas próprias expectativas e se identificam assim com ele. Mas, depois, cada qual faz sua leitura a partir do seu contexto existencial, gerador de diferentes "interesses". O mesmo acontece no processo de recepção. As práticas sociais e eclesiais condicionam a leitura do texto (http://www.ilregno.it/it/archivio_articolo.php?CODICE=32042).

[3] É interessante observar o deslocamento na linguagem. O Concílio fala de "Vida Religiosa". Já mais recentemente, na década de 1990, a Exortação pós-sinodal fala de "Vida Consagrada". Em nosso texto seguimos a linguagem

Por isso, é interessante verificar paradigmaticamente as convergências e divergências que se revelam no pós-concílio na VR na América Latina e Caribe. No caminho nem tudo são flores, há conflitos no interior dos Institutos religiosos, entre bispos e religiosos, entre representantes do poder político com religiosos! Vejamos algumas *etapas* dessa caminhada de recepção das orientações conciliares para a VR em nosso continente.[4]

A *primeira* etapa da recepção, logo depois do término do Concílio, foi de entusiasmo e euforia (mais ou menos entre 1965 e 1970). Embalada pelo Concílio apenas terminado, a VR pôs-se a caminho da nova realidade, sob a égide do novo sujeito social, agora o moderno. Se observarmos a literatura teológica para a VR nessa época, vamos descobrir que foi a teologia da secularização que deu o tom.[5] A descoberta de um mundo autônomo e secular inspira agora muitas comunidades religiosas a buscarem para seus membros uma qualificação para essa nova realidade, como profissionais eficientes e capazes. O primeiro equívoco e talvez o principal dessa etapa foi entender *renovação* da VR como *modernização*. A própria teologia da secularização tem como centro e destinatário o indivíduo moderno, adulto e responsável pela sua própria história. Por esse caminho de *adaptação* ao espírito do tempo não

---

do Concílio, justamente para sublinhar o modo como se manifestou em seu tempo.

[4] O itinerário da VR no Brasil, por ocasião dos 50 anos da CRB, foi aprofundado em: VALLE, E. *Memória histórica*; as lições de uma caminhada de 50 anos. CRB – 1954-2004. São Paulo: Publicações CRB, 2004.

[5] Como exemplo, basta compulsar os primeiros números da Revista *Convergência*. Era preocupação geral decifrar o que significava para a VR a teologia da secularização e similares, em vista da VR no Brasil.

se chega longe. Logo se chega à conclusão de que era preciso abrir horizontes. Mas para onde?

A *segunda* etapa do processo de recepção pode ser caracterizada como crise de identidade. A VR se vê dividida entre o passado glorioso, ligado ao sujeito social pré-moderno, que tem em seu centro a religião e suas manifestações onipresentes, e o futuro incerto, ligado agora ao sujeito social moderno, que o Concílio havia assumido como plataforma. A VR tinha agora que aprender a se expressar dentro da nova sociedade, com seus encantos, mas também com seus desvios. A crise da VR que vinha se alastrando antes mesmo do Concílio agora se espalha rapidamente como fogo em tempo de seca. Poderíamos dizer que o horizonte que foi divisado por muitos era uma miragem. Constatou-se que não era esse o caminho a seguir. Vieram os Capítulos Gerais especiais que, seguindo *Normas para a Renovação da VR*, contidas no *Motu Proprio* de Paulo VI *Ecclesiae Sanctae*, começam a explicitar as verdadeiras fontes da renovação não simplesmente no processo de modernização, mas também no de *renovação teológico-espiritual*, com base no seguimento histórico de Jesus Cristo. Esse documento do papa orienta, logo depois do Concílio, os Capítulos Gerais especiais, dedicados, primeiro, a debelar a crise e, segundo, a delinear um futuro esperançoso para os Institutos religiosos. Na verdade, crise de identidade não se resolve com resignação com o que está aí, mas com refontização no Evangelho e na experiência carismática dos fundadores. Assim, a VR caminha para um novo passo: o reencontro com a missão profética dentro da Igreja e do mundo, partindo da diversidade carismática da VR.

Uma *terceira* etapa diz respeito à redescoberta da missão profética a partir da variedade dos carismas da VR.

Quando a VR perde a dimensão profética de anúncio do Reino e de denúncia do mal, da injustiça, da miséria que degrada o ser humano, ela perde a sua razão de ser, o seu sentido maior. No processo pós-conciliar na América Latina e Caribe floresceu essa dimensão da VR como grande sinal da novidade do Reino, não sem dificuldades. Essa dimensão tem seu, digamos, limite no martírio, sofrido por muitos religiosos pelo Continente afora. Essa consequência da redescoberta da dimensão profética vem, é claro, pela renovação da práxis da VR.

Essa *quarta* etapa nos leva ao cerne da renovação no caminho dos conselhos evangélicos no seguimento de Jesus Cristo. Assim surgiram comunidades religiosas inseridas no meio popular, no meio dos pobres, nas periferias, como sinal de solidariedade concreta. Esse passo significa, na prática, uma mudança de lugar social. Não mais uma presença "genérica" da VR na sociedade. Mas uma presença "específica", que expressa a opção preferencial pelos pobres na vida real da Igreja e da sociedade.[6]

Certamente seríamos ingênuos se nosso aceno ao processo pós-conciliar da VR se restringisse apenas a esses passos, sem percebermos os percalços do caminho. Não deixa de ser real também que a VR, em várias situações, encetou um caminho de "volta à grande disciplina",[7] ao recentramento, ao encolhimento sobre si mesma, perdendo o grande horizonte traçado pelo Concílio. Esse passo leva à resignação, à perda dos grandes objetivos para os quais objetivamente aponta a própria VR.

---

[6] FREITAS, M.; BOFF, C.; CALIMAN, C. *Inserção*; novo modo de ser da Vida Religiosa. São Paulo: Publicações/CRB, 1989.

[7] LIBANIO, J. B. *Volta à grande disciplina*. São Paulo: Loyola, 1983.

Nessa perspectiva, não é fora de sentido que a VR entre nós, nos últimos anos, retoma o caminho da renovação através do tema "refundação". O que se quer ressaltar de novo aqui? Justamente o que o Concílio colocou no centro de sua reflexão sobre a VR: refazer aquela unidade essencial entre experiência de Deus e missão; experiência de Deus e vida apostólica; entre vida comunitária e fraternidade.

Resumindo essa parte, poderíamos dizer que a VR hoje corre o risco de trilhar processos divergentes. Por um lado, a volta sobre si, o recentramento, o distanciamento da realidade do povo (certa despolitização...), volta a uma dimensão empobrecida da dimensão religiosa pelo acento unilateral nas práticas ascéticas, voltadas para dentro da VR. Nessa direção, seria preciso acenar à influência crescente e não sem ambiguidade das novas religiosidades e dos Novos Movimentos Eclesiais. Eles questionam a VR e a obrigam a rever-se não tanto diante da novidade que eles propõem, mas mais diante da própria vocação evangélica.

Mas, por outro, o que o Concílio desejava para a VR? Que retomasse os laços com a realidade contemporânea para maior eficácia do testemunho evangélico; que estivesse aberta às questões do mundo por uma solidariedade ativa; que fosse solícita com os pobres. Essa pequena síntese nos devolve para os grandes desafios que a VR deve enfrentar a cada dia: retornar à realidade a partir de seu carisma específico; buscar uma formação continuada exigente e fiel à prática dos conselhos evangélicos no seguimento histórico de Jesus Cristo; encontrar uma resposta evangelicamente coerente diante da emergência de um novo sujeito "difuso" e "midiático", em rede, na pós-modernidade.

Texto e comentário

Decreto
Perfectae Caritatis
sobre a conveniente renovação da vida religiosa*

Paulo bispo
servo dos servos de Deus
com os padres do Sagrado Concílio
para a perpétua memória

---

* O ponto de partida para o esquema deste decreto encontra-se nas 558 propostas enviadas a Roma e depois agrupadas em 3 pontos principais: estado religioso, formação dos religiosos e governo dos religiosos. A Comissão preparatória competente lançou-se ao trabalho e preparou um longo esquema em 11 fascículos, 31 capítulos e 110 páginas. Durante o ano de 1962, a Comissão central ocupou-se várias vezes deste esquema, e o texto foi retocado, abreviado e reimpresso: 30 capítulos e 202 parágrafos. Mas não chegou às mãos dos Padres conciliares; entretanto, foi constituída a Comissão conciliar que, reunindo-se pela primeira vez em 26 de novembro de 1962, recebeu do Conselho de presidência esta instrução: abreviar. Em março de 1963, o texto estava pronto, sendo aprovado no dia 27; depois de mais alguns retoques foi impresso e enviado aos Padres: 34 páginas, 9 capítulos e 52 parágrafos. As observações feitas pelos Padres totalizaram 243 páginas, que foram cuidadosamente examinadas. Em 3 de dezembro de 1963, foi decidido abreviar ainda mais. Em 27 de abril do ano seguinte, o Santo Padre autorizava o envio do novo texto aos Padres: eram apenas 19 proposições em pouco menos de 4 páginas. Sequer desta vez faltaram as observações por escrito. Daí resultou uma ampliação do texto nas partes relativas à obediência e castidade, e o núcleo de proposições passou de 19 para 20. De 10 a 12 de novembro de 1964 teve lugar uma vivíssima discussão na aula conciliar; intervieram 26 Padres. Procedeu-se à votação de 14 a 16 do mesmo mês, e os "modos" propostos foram mais de 14 mil; a afinidade de matérias, porém, tornou possível reduzi-los a quinhentos. O novo texto que nasceu da consideração destes "modos", apareceu mais longo: 10 páginas e 25 parágrafos. Durante a 4ª sessão conciliar, de 6 a 8 de outubro de 1965, o decreto foi votado

Introduzimos este comentário com uma explicação do título do Decreto conciliar e com uma visão de conjunto do documento para termos uma melhor compreensão da relação das partes com o todo do texto.

Título. No cabeçalho do Decreto conciliar encontramos um duplo título. Um se liga mais ao conteúdo do que se pretende com o Decreto em termos de renovação da VR. O outro se liga às duas primeiras palavras do texto latino, *Perfectae Caritatis*. A caridade perfeita é a meta a que visa toda a vida cristã e, consequentemente, a VR. O título do cabeçalho variou conforme corriam as discussões. O primeiro *esquema* apresentado na aula conciliar rezava: *De Statibus Perfectionis Adquirendae* ("sobre os estados para adquirir a perfeição"). Esse título foi criticado, com razão, por causa da expressão "estado de perfeição". Ela introduzia no corpo eclesial uma condição diferente e melhor para a VR do que para os demais batizados, um *status* diferenciado que não condizia com a orientação eclesiológica da Constituição Dogmática *Lumen Gentium*, sobre a Igreja, que propunha justamente a igualdade fundamental de todos os batizados.

O segundo título proposto foi *De Religiosis*. Não se fixou por uma razão muito simples: a *Lumen Gentium* já tinha indicado abordar a VR com um capítulo próprio. Nele desejava tratar dos elementos essenciais da VR em geral, sobretudo o enraizamento dos conselhos evangélicos na vida e na prática de Jesus. Em vista disso, propôs-se ao Decreto um terceiro título, que vai direto ao objetivo: a renovação da VR. No latim: *De Accommodata Renovatione Vitae Religiosae*, ou seja, "da conveniente renovação da VR". Nesse título, assim enunciado, o Concílio diz o essencial do que pede à VR: a renovação. Vejamos em que sentido entender a renovação que o Concílio pede à VR:

---

parcialmente; em 11 do mesmo mês pôde ser votado globalmente: 2.126 placet; 13 non placet; 3 nulos. No dia 28 de outubro, durante a sessão pública, depois duma última votação — 2.321 placet; 4 non placet — o Santo Padre Paulo VI promulgou solenemente o decreto.

a) Para que a VR realmente se atualize, ou seja, se coloque em dia com os tempos atuais – na linguagem usada por João XXIII faça um *aggiornamento* –, deve articular dois termos: "renovação" com o adjetivo "conveniente". Essa articulação vem explicada no início do n. 2 da *Perfectae Caritatis*. Aí a *renovação* aparece como *reditum ad omnis vitae christianae fontes primigeniamque institutorum inspirationem* ("regresso às fontes de toda a vida cristã e à genuína inspiração dos Institutos"). E continua: *et aptationem ipsorum ad mutatas temporum condiciones* ("mas também a sua adaptação às novas condições dos tempos"). Na prática, já no título, o Decreto desafia a VR a retornar ao primeiro amor, ao fervor dos inícios e, ao mesmo tempo, a adequar os costumes e os usos jurídicos que regulam a VR no seu dia a dia.

No entanto, de nada adiante a renovação pela renovação ou a adaptação aos tempos por si mesmo. É preciso afirmar claramente a meta da VR, como aliás de toda a vida cristã: a renovação da VR deve ser determinada pela busca da "caridade perfeita". Afirmar essa ligação da VR com a caridade perfeita se insere, além do mais, no objetivo geral do próprio Concílio: a renovação de toda a Igreja para que seja sempre mais testemunha fiel do Evangelho do Reino.

b) Outro aspecto a ser esclarecido é o que o Concílio entende pela expressão *Vida Religiosa*. Na *Lumen Gentium*, n. 44c, ele afirma que a VR é o "estado constituído pela profissão dos conselhos evangélicos". Esse "estado" não pertence à estrutura hierárquica da Igreja, mas está "firmemente relacionado com sua vida e santidade", tema que foi tratado no capítulo V da *Lumen Gentium* sobre "a vocação universal à santidade na Igreja". Posto isso, ainda não se disse tudo. Concretamente o que abarca, segundo o Concílio, a expressão "Vida Religiosa"? Quais são as formas organizadas de vida cristã que cabem sob essa expressão? No fundo, essa expressão tem o papel de "guarda-chuva" sob o qual se colocam tanto a VR clássica como a vida monacal, as Ordens Mendicantes e outros Institutos, quanto as Sociedades de

Vida Comum e Institutos Seculares. Esses Institutos Seculares não se consideram formalmente religiosos, mas são assim considerados *quoad substantiam*, ou seja, quanto à realidade vivida dos conselhos evangélicos, na medida em que sua vida aponta para a perfeição da caridade.

O segundo título do Decreto, mais conhecido e usual, retoma as primeiras palavras do texto: *Perfectae Caritatis*. É um título, por um lado, feliz porque capta algo essencial da busca da VR. Mas, por outro, temos que fazer uma ressalva. A "perfeição da caridade", ou seja, o amor de Deus e do próximo, não podem ser considerados privilégio de um grupo especial de cristãos. Essa graça diz respeito a todo o povo de Deus enquanto chamado à santidade. Todos os batizados são chamados a viver segundo o espírito dos conselhos evangélicos, conforme a própria condição de vida. É a abertura radical a Deus que a vida cristã deve cultivar a cada dia. Faz parte do "buscai primeiro o Reino de Deus e tudo o mais vos será dado por acréscimo". Essas palavras foram ditas não para um grupo particular, mas para todo seguidor de Jesus Cristo, história afora.

A organização do Decreto. Perceber melhor a organização do Decreto nos ajuda a captar uma visão de conjunto e compreender a relação das partes com o todo. O corpo do Decreto se abre com o *Proêmio* (1) e consta de 5 partes: a primeira parte trata das questões gerais que são comuns a toda VR (nn. 2-6); a segunda parte faz uma espécie de tipologia da VR, fazendo-nos perceber melhor as várias formas de VR que enriquecem a Igreja (nn. 7-11); a terceira parte nos conduz aos elementos essenciais da profissão dos conselhos evangélicos: os três votos e a vida comum (nn. 12-15); a quarta parte trabalha alguns tópicos específicos como a clausura, o hábito religioso e a formação (nn. 16-18); por fim, a quinta parte aborda alguns pontos urgentes para a VR, como novos Institutos, obras próprias, Institutos ou mosteiros decadentes, entre outras coisas (nn. 19-24). Para fechar, o decreto traz uma breve conclusão.

Proêmio

1. O sacrossanto Concílio, depois de, na Constituição "Lumen Gentium", ter mostrado que a consecução da caridade perfeita, pela via dos conselhos evangélicos, deriva da doutrina e dos exemplos do divino Mestre e brilha como sinal luminoso do Reino celeste, propõe-se tratar da disciplina e vida dos Institutos, cujos membros professam castidade, pobreza e obediência, e prover às suas necessidades, conforme sugerem os nossos tempos.

---

1. Proêmio. É uma espécie de prefácio. Nele se indicam os aspectos básicos que devem orientar a conveniente renovação da VR. O parágrafo inicial **(1a)** tem o papel de situar o Decreto dentro do conjunto do Concílio. Liga a *Perfectae Caritatis* ao capítulo VI da *Lumen Gentium* sobre *Os Religiosos*. Na verdade, a Constituição Dogmática sobre a Igreja aponta para as raízes dos conselhos evangélicos: "Na doutrina e exemplo do divino mestre". Em vista disso, a VR se apresenta como "sinal muito claro do Reino do céu". Por seu lado a *Perfectae Caritatis* trata especificamente da "vida e disciplina dos Institutos", visando à conveniente renovação e a adequada atualização "segundo as exigências dos tempos". Esse exórdio nos situa dentro do grande objetivo da renovação de toda a Igreja. E não poderia ser diferente. O que nos importa agora é perceber melhor a problemática que estava por detrás da nova orientação da VR que vinha da modernidade. O Concílio queria superar certo dualismo que na VR dos tempos modernos contrapunha teologia e disciplina; espiritualidade e norma; espírito do Evangelho e regras. Segundo a análise dos Padres Conciliares, a VR

Logo desde os princípios da Igreja, houve homens e mulheres, que pela prática dos conselhos evangélicos procuraram seguir a Cristo com maior liberdade e imitá--lo mais de perto, consagrando, cada um a seu modo, a própria vida a Deus. Muitos, movidos pelo Espírito Santo, levaram vida solitária, ou fundaram famílias religiosas, que depois a Igreja de boa vontade acolheu e aprovou com a sua autoridade. Daqui proveio, por desígnio de Deus, a variedade admirável de famílias religiosas, que muito contribuiu para que a Igreja não só ficasse apta para toda a obra boa (cf. 2Tm 3,17) e preparada para o ministério da edificação do Corpo de Cristo (cf. Ef 4,12), mas, ainda uma vez aformoseada com a variedade dos dons dos seus filhos, se apresente como esposa ornada ao seu esposo (cf. Ap 21,2) e por meio dela brilhe a multiforme sabedoria de Deus (cf. Ef 3,10).

---

na modernidade deslizava para uma acentuação prevalentemente jurídica. Era preciso retomar a unidade entre o espírito da VR e o direito. A vida espiritual vem em primeiro lugar. Antes de tudo vem o chamado radical de deixar tudo e seguir a Jesus Cristo em vista da "perfeição da caridade". Já *Lumen Gentium*, n. 42e, faz uma bela ligação com a vida cristã em geral: "Todos os fiéis são convidados a procurar a santidade e a perfeição do próprio estado".

No parágrafo seguinte **(1b)** o texto começa fazendo a ligação da VR com os primórdios da Igreja. Ela é novidade como forma histórica, não como caminho de chegar a ser discípulo. "Seguir a Cristo com maior liberdade" já distinguia as primeiras comunidades apostólicas, movidas pela ação do Espírito. Cabe à Igreja "receber" e "aprovar" o que o Espírito Santo gera "em vista da edificação do Corpo do Cristo". Os carismas ornam a Igreja desde sempre, mesmo se em alguns momentos da história eles parecem como que ofuscados ou obscurecidos. Cabe à Igreja

Em tanta variedade de dons, todas as pessoas que são chamadas por Deus à prática dos conselhos evangélicos e fielmente os professam consagram-se de modo particular ao Senhor, seguindo a Cristo, que, sendo virgem e pobre (cf. Mt 8,20; Lc 9,58), remiu e santificou todos os homens pela obediência até a morte da cruz (cf. Fl 2,8). Movidos assim pela caridade, que o Espírito Santo derrama nos seus corações (cf. Rm 5,5), mais e mais vivem para Cristo e para o seu Corpo, que é a Igreja (cf. Cl 1,24). Quanto mais fervorosamente se unem a Cristo por esta doação de si que abraça a vida inteira, tanto mais rica se torna a vida da Igreja e mais fecundo o seu apostolado.

---

discernir os carismas e acolhê-los como graça. A doutrina sobre os carismas tem a sua reafirmação na Igreja em *Lumen Gentium*, n. 12b, como dado fundamental da presença atuante do Espírito Santo na Igreja e no mundo (cf. CALIMAN, C. O Espírito Santo e a Igreja. *Convergência* 313 (1998), pp. 264-271).

Prosseguindo **(1c)**, o Proêmio se concentra na VR: é uma vocação especial: "chamados à prática dos conselhos evangélicos, consagram-se de modo particular ao Senhor". É sabido que a VR não pertence à estrutura hierárquica da Igreja. Mas nem por isso é dispensável. Ela pertence à dimensão "carismática" da Igreja. Ela expressa a dimensão da graça, da gratuidade da Igreja e como tal é querida por Cristo. Essa vocação não chega por algum interesse particular ou desejo subjetivo sem mais. Essa vocação vem de uma profunda experiência de Jesus Cristo na Igreja. Assim, "levados pela caridade [...], vivem (os religiosos) para Cristo e para o seu corpo que é a Igreja". É a caridade que deve mover a VR para Cristo e para a Igreja e não outras coisas, por mais importantes que pareçam. Por isso, a VR deve ser vivida não de qualquer modo, como que "burocraticamente", mas fervorosamente. Só assim a VR de fato enriquece a Igreja.

Ora, para que o valor excelente da vida consagrada pela profissão dos conselhos evangélicos e a sua função necessária resultem para maior bem da Igreja nas presentes circunstâncias, este sagrado Concílio determina o que segue, que apenas diz respeito aos princípios gerais de uma conveniente renovação da vida e disciplina das religiões, das sociedades de vida comum sem votos, respeitando-lhes a índole própria, e dos Institutos seculares. As normas particulares, que exporão convenientemente e aplicarão esses princípios, serão dadas depois do Concílio pela autoridade competente.

O último parágrafo **(1d)** vem reiterar a preocupação dos Padres conciliares com a "conveniente renovação da vida e da disciplina" dos Institutos religiosos. Essa preocupação revela a importância da VR na Igreja. De fato, logo após o término do Concílio Paulo VI traça as *Normas para a Atuação do Decreto "Perfectae Caritatis" do SS. Concílio Vaticano II* (1966).

Princípios gerais para a conveniente renovação

2. A conveniente renovação da vida religiosa compreende não só o contínuo regresso às fontes de toda a vida cristã e à genuína inspiração dos Institutos, mas também a sua adaptação às novas condições dos tempos. Esta renovação, sob o impulso do Espírito Santo e a orientação da Igreja, deve promover-se segundo os princípios seguintes:

a) Dado que a vida religiosa tem por última norma o seguimento de Cristo proposto no Evangelho, esta deve ser a regra suprema de todos os Institutos.

b) Reverte em bem da Igreja que os Institutos mantenham a sua índole e função particular. Por isso, sejam conhecidos e guardados com exatidão o espírito e os intentos dos fundadores, bem como as sãs tradições: tudo isto constitui o patrimônio de cada Instituto.

---

2. Princípios gerais para a conveniente renovação. Este número trabalha os *princípios* que devem reger a "conveniente renovação" da VR. Essa ideia vem explicada no parágrafo que encabeça este número. Já acenamos acima, na explicação do título do Decreto conciliar. Agora vamos aos princípios que devem reger a renovação da VR: *primeiro*, o seguimento de Cristo deve ser a "norma última" da VR. Esse princípio, assim enunciado, corrige a visão unilateral de uma VR ascético-moralista. Por isso, o Concílio entra logo com uma visão teológico-espiritual da VR. Aqui ainda se deve notar que o Concílio não fala diretamente

c) Todos os Institutos participem da vida da Igreja, e, segundo a própria índole, tenham como suas e favoreçam quanto puderem as iniciativas e propósitos da mesma Igreja em matéria bíblica, litúrgica, dogmática, pastoral, ecumênica, missionária e social.

---

de "imitação", mas de "seguimento" de Jesus Cristo. Sem entrar nos detalhes da discussão que se esconde debaixo dessa abordagem, devemos dizer que a imitação só se explica e se interpreta se anteriormente acontece o seguimento. Em *segundo* lugar, o Concílio quer afirmar que a "conveniente renovação" da VR não pode acontecer de qualquer modo, como que equiparando os Institutos religiosos num processo de homogeneização. Mas deve sim respeitar "a índole e função particular" de cada Instituto. O texto usa o termo mais geral de "Institutos" para abranger as várias formas de VR, incluindo as Sociedades de Vida Comum sem votos e os Institutos Seculares. O texto visa, pois, preservar a identidade dinâmica das várias formas de VR, sem nivelamento. Circunstancialmente, de uns anos para cá, se tem falado de "refundação". Esse termo, aplicado à renovação da VR hoje, deve, é claro, observar as grandes orientações que vieram do próprio Concílio. Quer dar continuidade à renovação que vem do Concílio dentro de novas condições históricas. Já o *terceiro* princípio da renovação da VR é o da participação na vida da Igreja. Na verdade, afirmando essa relação fundamental da VR com a vida da Igreja o Concílio quer sublinhar que os vários carismas geram grandes movimentos espirituais que revitalizam a Igreja. É importante que se afirme essa relação umbilical com a vida eclesial. Na história se revelam tendências de cultivo unilateral de devoções próprias, de fechamento sobre si de Institutos, formando uma "clientela" própria, formando uma igrejinha dentro da Igreja. É oportuno recordar a orientação, por exemplo, do *Documento de Puebla*, de que o lugar de viver a VR é a Igreja particular. (cf. *Documento de*

d) Os Institutos promovam nos seus membros o conveniente conhecimento das condições dos homens e dos tempos, bem como das necessidades da Igreja; de maneira que, sabendo eles julgar sabiamente das situações do mundo dos nossos dias à luz da fé e ardendo de zelo apostólico, possam mais eficazmente ir ao encontro dos homens.

Puebla, n. 741. Ele diz especificamente: nas Igrejas particulares "se concretiza, para a vida consagrada, a relação de comunhão vital e compromisso eclesial evangelizador".) O *quarto* princípio, da exigência de "informação adequada", se posiciona contra a formação de guetos, num mundo separado das condições do tempo, da vida e das necessidades da Igreja. Tal indicação se faz necessária para superar justamente uma visão da VR fechada sobre si, separada da realidade do mundo. Sem diálogo, a VR não tem condições de falar ao mundo. Essa orientação em separado iria colocar a VR numa bitola diferente de renovação impulsionada pelo próprio Concílio. Uma de suas mais importantes orientações é justamente o diálogo com o mundo contemporâneo, segundo a Constituição Pastoral *Gaudium et Spes*. Esse diálogo exige, por sua parte, um olhar pastoral, movido e conduzido pela fé, sobre o mundo e a história. A partir desse lugar, deve ser um diálogo crítico e interessado, em vista da salvação. Por último, *quinto* princípio, a *Perfectae Caritatis* desafia a VR a uma atualização "às necessidades do nosso tempo", animada por aquela renovação espiritual que "deve ser a parte principal". Sem o fogo interior do zelo apostólico a VR cairia logo no ativismo estéril, sem dinamismo evangelizador. Se formos consultar as *Normae*, encontramos enumerados alguns pontos concretos para essa renovação espiritual: o n. 15 recomenda, além do que já está na *Perfectae Caritatis*, que os Institutos prestem atenção também a outros documentos do Vaticano II. O n. 16 acrescenta: que se empenhem no estudo e meditação da Palavra de Deus; que aprofundem a

e) Dado que a vida religiosa se ordena, antes de tudo, a que os seus membros sigam a Cristo e se unam a Deus, mediante a profissão dos conselhos evangélicos, ponderar-se seriamente que as melhores adaptações às necessidades do nosso tempo não sortirão efeito, se não forem animadas da renovação espiritual, que sempre, mesmo na promoção das obras exteriores, deve ter a parte principal.

---

doutrina sobre a VR; que "aprofundem a consciência genuína do espírito primigênio" do Instituto. Faltou falar nesse lugar do diálogo com o mundo de hoje, tão exigido pelo próprio Concílio.

Critérios práticos para a renovação

3. O modo de viver, de orar e trabalhar conforme-se às condições físicas e psicológicas dos religiosos, bem como, segundo a índole de cada Instituto, às necessidades do apostolado, às exigências da cultura, e às situações sociais e econômicas: isto em toda a parte, mas sobretudo em terras de missão.

---

3. Critérios práticos para a renovação. As indicações deste número da *Perfectae Caritatis* vão em sentido contrário aos esforços da Congregação para a VR nos últimos séculos. Suas orientações alimentavam certo fixismo, que perpassava a VR de cima até embaixo. Uma *primeira* observação: os critérios propostos pelo Decreto para a atualização partem do pressuposto de que a comunidade não é meramente uma comunidade de superiores e de súditos, mas acima de tudo uma comunidade de vida fraterna, e nesse sentido, uma comunidade "eclesial". Certamente a nova compreensão da Igreja que emergiu na discussão conciliar sobre a virada eclesiológica, produzida pelo capítulo II da *Lumen Gentium*, influencia na adequação da VR aos novos tempos. O *segundo* aspecto que os Padres conciliares observaram tinha endereço preferencial para a VR feminina. Dizia respeito à forte relação de dependência entre superiora e súditas, que espelha a compreensão tradicional da VR e não mais dá conta da nova consciência da mulher nas sociedades modernas e mesmo na vida eclesial. Recomendam, pois, maior flexibilidade nas estruturas externas da

À luz destes critérios, examine-se também o modo de governo dos Institutos.

Por isso, as Constituições, os Diretórios, os livros de costumes, de orações, cerimônias, e semelhantes, tudo seja revisto convenientemente e adaptado aos documentos deste Concílio, pondo de lado o que esteja obsoleto.

VR no que diz respeito aos modos de vida, oração, trabalho... e pedem a revisão da organização de governo e da própria comunidade religiosa. Como diz um *modo* assinado por 435 Padres conciliares, o objetivo dessa recomendação é que os(as) participantes da comunidade religiosa *modo vero activo et mente adulta, cooperentur ad bonum totius communitatis* ("para que [os irmãos e irmãs] colaborem de modo verdadeiramente ativo e com mentalidade adulta para o bem de toda a comunidade"). Essas orientações visam, sobretudo, àqueles costumes e normas que, com o tempo, perderam sua força e não mais contribuem para que a VR mantenha seu dinamismo de testemunho evangélico. Essa orientação vai contra certo ar de conformismo que, com facilidade, invade o cotidiano da VR. Também as *Normae* trazem preciosas indicações nesse sentido: no n. 14 afirma-se que os Regulamentos ou "Diretórios" deixem para trás usos e costumes obsoletos. Eles devem ser atualizados conforme as "condições físicas e psíquicas dos membros"; no n. 17 se propõe um critério para verificar o que é obsoleto ou superado: "Tudo o que não constitui a natureza e os fins do Instituto e que, tendo perdido o seu significado e eficácia, já não ajuda a vida religiosa".

Quem há de fazer a renovação

4. A renovação eficaz e a adaptação conveniente não se podem obter sem a colaboração de todos os membros do Instituto.

Estabelecer, porém, as normas e dar as leis desta renovação, assim como oferecer possibilidades de uma suficiente e prudente experiência, toca apenas às autoridades competentes, sobretudo aos Capítulos gerais, salva a aprovação da Santa Sé ou dos Ordinários do lugar, quando for necessária, segundo as normas do direito. Todavia, os superiores, nas coisas que dizem respeito a todo o Instituto, consultem e ouçam os seus súditos como convier.

---

4. Quem há de fazer a renovação. É a questão que esse número quer responder. A resposta parte de um pressuposto: essa atualização deve contar com a colaboração de todos os membros do Instituto, como condição para uma "renovação eficaz e atualização correta". Essa indicação tem, por sua vez, outro pressuposto, a já mencionada igualdade fundamental dos irmãos(ãs). É claro que os Padres conciliares tinham consciência de um perigo, não tão oculto, do individualismo sem fronteiras, que faz a obediência religiosa desmoronar. Por isso, diz que "estabelecer normas e elaborar leis é atribuição exclusiva das autoridades competentes". Mas não é só isso. O texto continua dizendo: "Em assuntos que se relacionam com os destinos de todo o Instituto, os superiores consultem de modo apto os coirmãos e lhes deem

Para a devida adaptação dos mosteiros femininos (*monasteriorum monialium*), poder-se-ão obter também os votos e pareceres das assembleias das federações ou de outras reuniões legitimamente convocadas.

Lembrem-se, porém, todos de que a esperança da renovação deve ser posta mais na diligente observância da Regra e das Constituições, do que na multiplicação das leis.

---

ouvidos". Por fim, há uma última e sábia observação. Não é a multiplicação de leis e normas que garante a renovação, mas "a observância mais exata das Regras e Constituições".

Alguns elementos comuns a todas as formas de vida religiosa

5. Os membros de todo e qualquer Instituto lembrem-se principalmente de que responderam à vocação divina pela profissão dos conselhos evangélicos, não só para morrerem para o pecado (cf. Rm 6,11), mas também para, renunciando ao mundo, viverem exclusivamente para Deus. Toda a vida puseram ao seu serviço, o que constitui uma consagração especial, que se radica intimamente na consagração do batismo e a exprime mais perfeitamente.

---

5. Alguns elementos comuns a todas as formas de VR. O texto conciliar toma como ponto de partida algo fundamental: "a profissão dos conselhos evangélicos" deve ser resposta a uma "vocação divina", um chamado divino para abraçar a VR num determinado Instituto. Aqui vale, pois, a regra do discernimento vocacional. Não é o mero desejo ou a busca de uma espécie de "refúgio" contra as incertezas da vida no mundo que deve levar alguém a entrar num Instituto. A vocação deve ser objetivamente provada com uma prática de vida segundo os conselhos evangélicos. Além desse ponto, há dois aspectos que merecem ser bem esclarecidos. *Primeiro*, o texto fala de "renúncia ao mundo", mas em que sentido? O próprio Concílio, na Constituição Pastoral *Gaudium et Spes*, deseja estabelecer um diálogo com o mundo contemporâneo. No mundo como história acontecem os "sinais

Tendo, porém, sido aceita pela Igreja esta doação de si mesmos, considerem-se também como adstritos ao seu serviço.

Este serviço de Deus deve incitá-los e levá-los ao exercício das virtudes, sobretudo da humildade e da obediência, da fortaleza e da castidade, pelas quais participam no despojamento de Cristo (cf. Fl 2,7-8) e na sua vida no espírito (cf. Rm 8,1-13).

---

dos tempos", que são "a voz de Deus" para nós (cf. Comentário à *Gaudium et Spes*, n. 11, de J. RATZINGER. In: *Lexikon fuer Theologie und Kirche*, 14. Herder, 1986, p. 313: *"Die Stimme der Zeit als Gottes Stimme gewertet werden"*). Sem dúvida, não é nesse sentido que o Concílio fala de "fuga do mundo", de "renúncia do mundo", mas no sentido em que se toma "mundo" com a conotação negativa de lugar em que se manifesta a força do Maligno. Esse é o mundo das trevas, contraposto ao mundo colocado sob a luz de Deus, no sentido que lhe dá o Evangelho de João. Essa "renúncia ao mundo", por outro lado, não é exclusiva da VR. Todo batizado deve vivê-la para responder à sua consagração batismal. Um *segundo* aspecto merece ser esclarecido. O texto recomenda que os religiosos(as) *soli Deo vivant* ("que vivam somente para Deus"). Aqui também cabe o discernimento. Pode-se perguntar se pode haver serviço a Deus que não seja também serviço ao outro e, por isso, ao mundo! Amor a Deus e amor ao próximo são inseparáveis. "Viver somente para Deus" deve ser compreendido no contexto maior: de que Deus se fala aqui? Do Deus do Reino. Jesus não pregava um Deus em si mesmo, separado do mundo da criatura. Ele falava do "Deus do Reino", isto é, enquanto Deus é próximo, caminha com a sua criatura, se interessa por ela a ponto de entregar seu próprio Filho na cruz. É nesse Deus que nós cremos e servimos na expressão verdadeira e transparente do amor ao próximo. E aqui, de novo, temos que afirmar que esse serviço a

Os religiosos, portanto, fiéis à profissão, deixando tudo por amor de Cristo (cf. Mc 10,28), sigam-no (cf. Mt 19,21) como única coisa necessária (cf. Lc 10,42), ouvindo a sua palavra (cf. Lc 10,39), solícitos das coisas que são dele (cf. 1Cor 7,32).

Por isso, os membros de qualquer Instituto, buscando acima de tudo e unicamente a Deus, saibam conciliar

---

Deus no serviço ao próximo vale para todos os batizados. Não só para a VR. Por isso, é preciso encontrar uma compreensão da VR que, partindo da graça batismal, seja entendida como um "modo de chegar a ser cristão", numa expressão dinâmica e existencial de J. Sobrino (*Ressurreição da verdadeira Igreja*. São Paulo: Loyola, 1982. pp. 203s). O texto sublinha ainda que essa doação de serviço foi acolhida pela Igreja e deve estar a serviço dela. Por fim, o Decreto fala do *unum necessarium*, uma só coisa é necessária (cf. Lc 10,42), buscando o exemplo evangélico de Marta e Maria. Não é o caso de ressuscitarmos a velha querela do primado da vida contemplativa sobre a "vida ativa". O Concílio quis superar essa dicotomia. Na verdade o "uma só coisa é necessária" se aplica não apenas ao reduzido número de batizados que assume a "vida contemplativa" como maneira de ser cristão, mas vale para todos os batizados! Todos e cada um de nós devemos ser ao mesmo tempo Marta e Maria, unindo contemplação e ardor apostólico, como Jesus viveu essa unidade profunda em seu ser e em seu agir. A unidade da VR exige a unidade entre contemplação e vida apostólica. Uma coisa não é possível sem a outra. Portanto, a afirmação de que "os membros de qualquer Instituto devem buscar tão somente a Deus", isolada, pode tornar-se uma afirmação

a contemplação, pela qual se unem a Deus pela mente e pelo coração, com o amor apostólico; este amor os levará a esforçarem-se por se associar à obra da redenção e dilatar o seu Reino.

---

equívoca. Aqui vale a reflexão de Santo Agostinho: "O amor de Deus ocupa o primeiro lugar na ordem dos preceitos, mas na ordem da execução o primeiro lugar cabe ao amor ao próximo" (Ofício das Leituras da *Liturgia das Horas* de 3 de janeiro). Cabe, pois, "unir a contemplação [...] ao amor apostólico", associando-nos assim à obra salvífica do Deus do Reino.

Primazia da vida espiritual

6. Os que professam os conselhos evangélicos, busquem e amem mais que tudo a Deus, que primeiro nos amou (cf. 1Jo 4,10), e procurem em todas as circunstâncias cultivar a vida escondida com Cristo em Deus (cf. Cl 3,3), da qual dimana e recebe estímulo o amor do próximo para a salvação do mundo e a edificação da Igreja. Esta caridade anima e rege também a prática dos conselhos evangélicos.

---

6. Primazia da vida espiritual. Já vimos na Introdução que o Concílio quis superar uma compreensão unilateral da VR, de corte ascético-jurídico. Ele pretendeu oferecer uma compreensão teológico-espiritual. Os fundamentos dessa compreensão da VR a partir dos conselhos evangélicos foram expostos pelo Concílio no capítulo VI da *Lumen Gentium*. Já dissemos na Introdução que o Concílio evitou a contraposição entre VR contemplativa e VR ativa. Não usa a expressão "vida ativa". Prefere a expressão "vida apostólica", que afinal não esconde a diferença. Para o Concílio importa não afirmar a dualidade dos dois elementos, que aparecem às vezes como que irredutível. O que o Concílio deseja é afirmar a unidade da VR no ponto central: a vida espiritual, que abarca inseparavelmente o amor a Deus e o amor ao próximo. O problema é o seguinte. A VR tradicional acentuava unilateralmente a centralidade de Deus. E tinha a sua razão. Os votos religiosos se orientam imediatamente a Deus, que nos amou primeiro. Mas o texto do n. 6 sublinha que a "vida oculta em Cristo" exige o amor ao próximo para a salvação do mundo. A centralidade de

Por isso, os membros dos Institutos cultivem com esforço contínuo o espírito de oração e a mesma oração, recorrendo às fontes genuínas da espiritualidade cristã. Sobretudo tenham todos os dias entre as mãos a Sagrada Escritura, para que aprendam, pela leitura e meditação, "a eminente ciência de Jesus Cristo" (Fl 3,8). A sagrada liturgia, sobretudo o sacrossanto mistério da eucaristia, celebrem-na de coração e de palavra segundo o espírito da Igreja, e alimentem desta abundantíssima fonte a vida espiritual.

Assim, alimentados à mesa da divina Lei e do sagrado altar, amem fraternalmente os membros de Cristo, reverenciem e estimem com espírito filial os seus pastores; vivam e sintam mais e mais com a Igreja e dediquem-se totalmente à sua missão.

Deus não nos deve distanciar da realidade do mundo. Essa visão nos conduziria à compreensão medieval, que privilegia a vida monacal. Tomás de Aquino distingue vida contemplativa e vida ativa. "Ao amor de Deus está diretamente ordenada a vida contemplativa, que só a Deus deseja entregar-se. Ao amor ao próximo está ordenada a vida ativa, que se põe a serviço das necessidades do próximo" (*Summa Teologica* II-II, q. 188, a. 3). Hoje acentua-se o lado do amor ao próximo, aquele que de nós precisa. Mas um caminho não exclui o outro. Ambos têm seus escolhos. Deve-se evitar tanto buscar a Deus, distanciando-nos da história – isso nos isolaria do mundo –, quanto buscar o próximo incansavelmente, distanciando-nos de Deus – isso seria o ativismo, que nos fecha na aridez da busca incessante do que fazer, sem aquela unidade interior necessária à vida espiritual. Como superar esses escolhos? O Concílio orienta a VR a buscar a vida de oração e alimentá-la nas fontes da espiritualidade cristã: Palavra de Deus, liturgia, especialmente na Eucaristia (cf. *Normae*, n. 21). E acrescenta: essa vida espiritual deve ter uma profunda dimensão eclesial, que nos impulsiona a amar "fraternalmente os membros do Cristo".

Institutos inteiramente dedicados à contemplação

7. Os Institutos que se ordenam exclusivamente à contemplação, de tal modo que os seus membros se ocupam só de Deus, no silêncio e na solidão, em oração contínua e repetidas penitências, embora seja urgente a necessidade do apostolado, conservam sempre a parte mais excelente dentro do Corpo místico de Cristo, em que "nem todos os membros... têm a mesma função" (Rm 12,4). Na verdade, oferecem a Deus sacrifício exímio de louvor, enriquecem com abundantes frutos de santidade o povo de Deus, movem-no com o seu exemplo e dilatam-no mercê da sua misteriosa fecundidade apostólica. São honra da Igreja e manancial das graças celestiais. O seu modo de viver, porém, seja revisto segundo os princípios acima

---

A **segunda parte** da *Perfectae Caritatis* nos introduz numa espécie de tipologia da VR. São os aspectos próprios das várias formas de VR, reconhecidas pela Igreja, trabalhados dos **nn. 7-11**.

7. Institutos inteiramente dedicados à contemplação. Esse é o primeiro grupo. Aqui não se trata de Institutos ou Ordens contemplativas em sentido amplo, mas aqueles "integralmente ordenados à contemplação", como cartuchos, trapistas, camaldulenses, entre outros. Esses Institutos se orientam pelo

expostos e os critérios de um conveniente renovamento, mantendo-se, contudo, intactos a separação do mundo e os exercícios próprios da vida contemplativa.

---

soli Deo vaccari, pelo dedicar-se inteiramente a Deus. Acentuam a *fuga mundi*. O mundo material distrai e dispersa o religioso. Pela importância que teve e tem ainda na vida da Igreja, os Padres conciliares aconselham que "seu modo de vida seja revisto à luz dos princípios e critérios da conveniente renovação", conforme já explicitamos anteriormente no comentário ao n. 2 do Decreto. O texto insiste em que essa renovação respeite plenamente "a sua separação do mundo e os exercícios próprios da vida contemplativa".

Institutos dedicados à vida apostólica

8. Muitíssimos são na Igreja os Institutos, tanto clericais como laicais, dados às várias obras de apostolado, cada um com dons diferentes, segundo a graça que lhes foi dada: quer o do serviço ao servir, quer o do ensino ao ensinar, o da exortação exortando, o de repartir com desinteresse, o de exercer misericórdia com alegria (cf. Rm 12,5-8). "As graças são várias, mas o Espírito é o mesmo" (1Cor 12,4).

Em tais Institutos, pertence à própria natureza da vida religiosa a atividade apostólica e de beneficência, como santo ministério e como obra de caridade própria, que a Igreja lhes confiou para ser exercida em seu nome. Por isso, toda a vida religiosa dos membros seja imbuída de espírito apostólico e toda a ação apostólica seja enformada pelo espírito religioso. Sobretudo para corresponderem à vocação de seguir a Cristo e para que sirvam ao próprio Cristo nos seus membros, é necessário que a ação apostólica, que exercem, dimane da união deles com Cristo. Sucederá que, desta forma, se alimentará igualmente a caridade para com Deus e para com o próximo.

---

8. Institutos dedicados à vida apostólica. Esse é o segundo grupo. Para esses Institutos a ação apostólica é da natureza mesma de sua VR. Recordemos que o Concílio evitou falar de Institutos de "vida ativa", porque entende que contemplação

Por isso, estes Institutos conciliem as suas observâncias e costumes com os requisitos do apostolado a que se dedicam. Porém, como são muitas e variadas as formas de vida religiosa consagrada às obras apostólicas, é necessário que a sua renovação tenha em conta esta diversidade, e que, nos vários Institutos, a vida dos membros ao serviço de Cristo seja favorecida com os meios que lhes são próprios e adaptados à sua finalidade.

---

e ação apostólica na VR fazem uma unidade. O Espírito religioso, alimentado pela Palavra de Deus, pela oração constante, fecunda a vida apostólica e transforma o "seguir a Cristo" em "oração existencial", buscando a perfeição da caridade. Concretamente, não há vida apostólica que não seja animada pelo Espírito e leve à meditação da Palavra de Deus, à oração e, por isso, à contemplação. Essa vida apostólica nos leva a ser "contemplativos na ação". Só assim pode-se escapar do ativismo, que esteriliza a VR e a torna insignificante no mundo de hoje. Para evitar esse extremo, a *Perfectae Caritatis* enfatiza a "harmonização entre observâncias e usos com as exigências da vida apostólica".

A fidelidade à vida monástica e conventual

9. Conserve-se fielmente e brilhe cada vez mais no seu genuíno espírito, tanto no Oriente como no Ocidente, a venerável instituição da vida monástica, que tantos méritos alcançou no decorrer dos séculos diante da Igreja e da sociedade humana. O principal dever dos monges é servir, de modo ao mesmo tempo humilde e nobre, a divina Majestade dentro das paredes do mosteiro, quer se entreguem totalmente ao culto divino na vida contemplativa, quer tenham assumido legitimamente algumas obras de apostolado ou caridade cristã. Mantida, pois, a índole própria da instituição, renovem as suas antigas e beneméritas tradições, acomodando-as porém às necessidades hodiernas das almas, de tal forma que os mosteiros sejam como que os viveiros da edificação do povo de Cristo.

Do mesmo modo, os institutos religiosos que, pela sua regra e instituição, associam intimamente a vida

---

9. A fidelidade à vida monástica e conventual. Esse terceiro tipo de VR é reconhecidamente importante para a vida eclesial em nossos dias. São centros de irradiação de espiritualidade dentro do Povo de Deus. São "sementeiras vivas de edificação do povo cristão". Em vista disso o Concílio pede que esses Institutos conservem fielmente o "genuíno espírito" da VR monástica e conventual. Que se dediquem à contemplação, conciliando "seu modo de viver com as exigências do apostolado".

apostólica à vida de coro e às observâncias monásticas, conciliem seu modo de viver com as exigências do apostolado, de tal maneira que mantenham fielmente a sua forma de vida, que reverte em grandíssimo proveito da Igreja.

A vida religiosa laical

10. A vida religiosa laical, tanto de homens como de mulheres, constitui em si mesma um estado completo de profissão dos conselhos evangélicos. Por isso, o sagrado Concílio, que a tem em grande estima, tão útil ela é para a missão pastoral da Igreja na educação da juventude, cuidado dos doentes e outros ministérios, confirma os seus membros na vocação e exorta-os a adaptar a sua vida às exigências modernas.

O sagrado Concílio declara que nada obsta a que nas religiões de Irmãos, permanecendo embora firme a sua índole laical, alguns dos membros recebam as Ordens sacras por disposição do Capítulo geral, para assim atenderem às necessidades do ministério sacerdotal nas suas casas.

---

10. A vida religiosa laical. Esse é o quarto grupo de religiosos. O parágrafo sublinha a importância da VR leiga, tanto de homens quanto de mulheres, pela sua dedicação às obras de caridade da Igreja. Essa VR, afirma o texto, "constitui em si mesma um estado completo de profissão dos conselhos evangélicos". Na segunda parte desse número, o Decreto conciliar dispõe que, em Institutos de irmãos, "alguns membros sejam promovidos ao ministério", para prover as necessidades dos membros desses Institutos. Mas apresenta duas condições: que o Instituto preserve a sua "índole leiga"; que o exercício do ministério seja restrito às "próprias casas".

Os Institutos seculares

11. Os Institutos seculares, ainda que não sejam Institutos Religiosos, comportam verdadeira e completa profissão dos conselhos evangélicos no mundo, reconhecida pela Igreja. Esta profissão confere a consagração, tanto a homens como mulheres, a leigos ou clérigos, que vivem no mundo. Por isso, os indivíduos procurem sobretudo fazer doação total de si mesmos a Deus na caridade perfeita; e os Institutos mantenham o seu caráter próprio e peculiar, isto é, a secularidade, para poderem exercer eficazmente e por toda a parte o apostolado, no mundo e como que a partir do mundo, pois para isso foram instituídos.

---

11. Os Institutos seculares. Sobre esse grupo o Concílio discutiu se eles cabem no conceito geral de VR. De fato, formalmente eles mesmos não se consideram religiosos. Mas então em que sentido eles entram no Decreto conciliar? Na prática, eles dizem professar os conselhos evangélicos no "mundo". Se no conceito de VR se mantém a premissa da "separação do mundo", então fica difícil classificar esses Institutos como religiosos. Entretanto, no próprio Concílio se discutiu se essa "separação" pode manter-se também para a VR em geral. Afinal, como toda a vida cristã, a VR é chamada a viver dentro do mundo a partir do caminho evangélico de Jesus Cristo. Muito contribuiu para superar essa dificuldade o fato de que os Institutos seculares tiveram o incentivo de dois documentos de Pio XII, *Provida Mater* (1947) e *Primo Feliciter* (1948). De onde vem, então, a dificuldade de colocar os Institutos seculares entre os religiosos? Essa dificuldade

Estejam todavia bem cientes os Institutos que não poderão exercer tão alta missão, se os seus membros não forem cuidadosamente formados nas disciplinas divinas e humanas, de tal maneira que sejam deveras fermento no mundo, para força e incremento do Corpo de Cristo. Portanto, os responsáveis cuidem seriamente da formação, sobretudo espiritual, dos membros e do seu ulterior aperfeiçoamento.

---

provém da compreensão tradicional da VR. De fato, Ordens, Congregações, Sociedades de Vida Comum preenchem os requisitos do modelo tradicional. Seus membros se decidem por uma vida "separada" do mundo, dedicando-se à profissão dos conselhos evangélicos. Mas o Concílio não se guia pela compreensão formal da VR tradicional. Se a busca da caridade perfeita é a meta de toda a vida cristã no mundo e, dentro dela, da VR, nada impede que um grupo possa viver os conselhos evangélicos no mundo, vivendo o essencial (*quoad substantiam* = quanto à substância da VR). Em vista disso, o Decreto recomenda que os membros dos Institutos seculares "sejam instruídos nos assuntos divinos e humanos" para serem, de fato, fermento no mundo e, sobretudo, tenham uma formação espiritual sólida para serem realmente consagrados a Deus e aos outros, permanecendo no mundo. Essa orientação está em plena consonância com a visão positiva do mundo que foi adotada pela Constituição Pastoral *Gaudium et Spes*. Ela supõe uma nova relação da Igreja com o mundo contemporâneo.

A castidade

12. A castidade "por amor do Reino dos Céus" (Mt 19,12), que professam os religiosos, deve ser tida como exímio dom da graça. Liberta de modo singular o coração do homem (cf. 1Cor 7,32-35), para que mais se acenda na caridade com Deus e com todos os homens. É, por isso, sinal dos bens celestes e meio aptíssimo para levar os religiosos a dedicarem-se generosamente ao serviço de Deus e às obras de apostolado. Tornam-se assim, diante de todos os cristãos, o sinal daquele admirável consórcio estabelecido por Deus, que se há de manifestar plenamente na vida futura, pelo qual a Igreja tem a Cristo como seu único esposo.

A **terceira parte** do Decreto *Perfectae Caritatis* (**nn. 12-15**) se dedica especificamente àqueles elementos teológico-espirituais que devem ser vividos por todos os que professam a VR na Igreja: os conselhos evangélicos da castidade, pobreza e obediência, e a vida comum. Como *preâmbulo*, colocamos duas considerações, uma mais geral sobre a compreensão dos votos; outra mais específica, sobre a orientação que o capítulo VI da *Lumen Gentium* oferece a toda a Igreja.

Sem entrar em pormenores, podemos dizer que há diferenças na consideração teórica sobre os votos. Temos várias compreensões dos votos. A *primeira*, mais ascética, acentua a renúncia dos bens, mesmo positivos, que são deixados para trás em vista do "único necessário", a negação de si mesmo e o sacrifício. A *segunda* reage a essa compreensão mais ascética, e se orienta

É necessário, portanto, que os religiosos, ao esforçar-se por ser fiéis à sua profissão, acreditem nas palavras do Senhor e, confiando no auxílio divino, não presumam das próprias forças, mas se deem à mortificação e à guarda dos sentidos. Nem deixem de usar os meios naturais, que favorecem o bom estado do espírito e do corpo. Assim, não serão influenciados pelas doutrinas daqueles que apresentam a continência perfeita como impossível ou nociva à perfeição humana, e repelirão, como que por um instinto espiritual, tudo aquilo que põe em perigo a castidade. Lembrem-se, além disso, todos, sobretudo os superiores, de que a castidade se conserva mais seguramente, quando reina o verdadeiro amor fraterno na vida das comunidades.

---

para uma compreensão mais personalista dos votos. Considera os votos como meios para que o religioso(a) se realize como pessoa, passando do infantilismo da VR tradicional à personalização das atitudes fundamentais da VR. Essa visão sublinha a relação do religioso(a) consigo mesmo. A *terceira* compreensão pode se chamar de comunitária. Ela acentua justamente a fraternidade, a comunhão dos irmãos. As três visões dos votos não se excluem, antes se complementam e, digamos, se unem na grande meta divisada pela dimensão escatológica de toda VR. Na verdade, a prática dos votos exige disciplina pessoal que oriente a realização pessoal pelo projeto de vida assumido em plena liberdade. Assim, a VR antecipa o futuro definitivo, como forma de viver a "ultimidade" do Reino na história, no tempo da peregrinação, no seguimento de Jesus.

Acrescente-se também que os três conselhos evangélicos dizem respeito a três áreas fundamentais da vida humana: a castidade liga-se à área da *pessoa* no que diz respeito à sexualidade,

Visto que a observância da castidade perfeita atinge intimamente as inclinações mais profundas da natureza humana, os candidatos não abracem tal estado nem sejam admitidos à profissão da castidade, senão depois de provação verdadeiramente suficiente e quando tiverem a devida maturidade psicológica e afetiva. Sejam não só instruídos sobre os perigos que ameaçam a castidade, mas

---

afetividade, paternidade, socialidade; a pobreza trabalha a área da *posse* e uso dos bens materiais e simbólicos; a obediência expressa a área da *livre disposição* do que deve ser feito, ou seja, no exercício da liberdade pessoal, colocando-a a serviço de Deus num Instituto. De qualquer forma, os três votos se ligam ao exercício da própria fé no Deus do Reino, que é essencialmente amor, segundo o caminho de Jesus Cristo. Não entramos aqui nas considerações que a *Lumen Gentium*, capítulo VI, nn. 43 e 44, fez sobre os conselhos evangélicos. O Decreto *Perfectae Caritatis* retoma as orientações da Constituição dogmática sobre a Igreja e as aprofunda do ponto de vista teológico-espiritual.

12. A castidade. O voto de castidade fala da convivência entre seres humanos à luz do projeto primeiro do Deus do Reino. Em nossas sociedades as relações humanas são, no mais das vezes, instrumentalizadas para um projeto de poder e de dominação de uns sobre os outros, como é, por exemplo, a relação do rico sobre o pobre, do homem sobre a mulher, de quem sabe sobre o que não sabe. O amor que devia nos fazer crescer como irmãos e irmãs entre nós e filhos e filhas de Deus se esvazia, perdendo sua força libertadora. A castidade, nesse sentido, não deve ser entendida como reserva para si, mas para Deus e o serviço aos outros, segundo o Evangelho de Jesus Cristo. Nesse contexto, a castidade, vivida em fidelidade ao Evangelho é denúncia contra a idolatria do sexo e do consumismo e anúncio daquela comunhão de vida e destino que constitui o Reino de Deus. Os Padres conciliares

formem-se de tal maneira que abracem o celibato consagrado a Deus até como um bem para o desenvolvimento integral da pessoa.

---

tinham alguma razão particular para começarem o texto do Decreto pela castidade? Podiam iniciar, por exemplo, pela pobreza. Mas começaram pela castidade pelo seu fundamento na prática e no ensinamento de Jesus, como carisma reconhecido pela fé, como nos indica o Novo Testamento. Na verdade, a castidade é vocação e dom acolhido na fé. Expressa a dimensão carismática de toda a Igreja como sinal dos bens do Reino. Por conseguinte, esse dom, vivido com generosidade e transparência, se expressa nas várias dimensões da vida cristã: na dimensão cristológica no seguimento de Jesus Cristo; na dimensão pneumatológica, pela qual o Espírito Santo nos constitui Igreja, Corpo de Cristo; na dimensão eclesiológica: pela vivência da comunidade eclesial que nada mais é do que o seguimento compartilhado de Cristo; na dimensão escatológica: pela qual o Espírito Santo orienta a vida em Cristo, na Igreja, para a plena realização do Reino. A VR, vivida com alegria, como graça, constitui um sinal luminoso do Reino definitivo no mundo. Além disso, deve-se observar que esse dom insigne, vivido no mundo, se desenvolve, tendo em conta a natureza sexual do ser humano, varão e mulher, num ser corpóreo espiritual, pessoal e social. Exige plena confiança em Deus e, ao mesmo tempo, a busca daquela maturidade humana capaz de transcender os impulsos desordenados da nossa natureza, no contexto de erotização exacerbada de nossa sociedade. Mais do que nunca a formação deve apontar para a maturidade psicológica e afetiva dos religiosos(as). Não podemos simplesmente presumir de nossas próprias forças. A oração, a vivência fraterna e a partilha alegre da vida comunitária devem se associar a um cultivo sadio do corpo. Como diziam os antigos: *mens sana in corpore sano* ("a mente sadia num corpo sadio").

A pobreza

13. A pobreza voluntária abraçada para seguir a Cristo, de que é sinal, hoje sobretudo, muito apreciado, cultivem-na diligentemente os religiosos e, se for necessário, exprimam-na até sob novas formas. Por ela participa-se da pobreza de Cristo, que sendo rico, por nosso amor se fez pobre, para que nós fôssemos ricos da sua pobreza (cf. 2Cor 8,9; Mt 8,20).

Pelo que toca, porém, à pobreza religiosa, não basta sujeitarem-se aos Superiores no uso dos bens; é preciso que os religiosos sejam pobres real e espiritualmente, possuindo os seus tesouros no céu (cf. Mt 6,20).

Cada um no seu ofício sinta-se obrigado à lei comum do trabalho, e, enquanto busca as coisas necessárias à sustentação e às obras, ponha de lado toda a solicitude

---

13. A pobreza. Esse voto diz respeito à posse e uso dos bens materiais e simbólicos. Na verdade, a pobreza religiosa não é simplesmente a renúncia aos bens materiais e simbólicos sem mais, mas um exercício da fé em Deus, que exige a relativização desses bens em vista do bem maior, do "único necessário". Na tradição dos Documentos de Medellín e Puebla, aprendemos que a pobreza deve ser vivida como atitude de protesto contra as estruturas injustas e desiguais, que privilegiam os mais ricos e deixam os pobres na miséria. Como atitude pessoal e comunitária, o *Documento de Puebla* nos oferece uma preciosa indicação: "A pobreza evangélica une a atitude de abertura confiante em Deus

exagerada, e entregue-se à Providência do Pai celeste (cf. Mt 6,25).

As Congregações religiosas podem permitir nas Constituições que os seus membros renunciem aos bens patrimoniais adquiridos ou a adquirir.

Os Institutos, tendo em conta as condições de cada lugar, esforcem-se por dar testemunho por assim dizer coletivo de pobreza, e concorram de boa vontade, com alguma coisa dos próprios bens, para as demais necessidades da Igreja e para o sustento dos pobres, a quem todos os religiosos devem amar nas entranhas de Cristo (cf. Mt 19,21; 25,34-46; Tg 2,15-16; 1Jo 3,17). As províncias e as casas religiosas estabeleçam entre si comunicação dos bens temporais, de maneira que, aquelas que têm mais, ajudem as outras que sofrem necessidade.

Embora os Institutos, salvas as Regras e Constituições, tenham direito a possuir o que é necessário à vida temporal e às próprias obras, evitem, contudo, toda a aparência de luxo, de lucro exagerado e de acumulação de bens.

---

com uma vida simples, sóbria e austera" (n. 1.149). Essa orientação aponta para outra dimensão da pobreza, a solidariedade para com os mais necessitados. O Decreto *Perfectae Caritatis* nos diz explicitamente que "não basta sujeitarem-se aos superiores no uso dos bens". É preciso acrescentar algo fundamental: "É preciso que os religiosos sejam pobres real e espiritualmente" e que "cada um no seu ofício sinta-se obrigado à lei comum do trabalho". A última parte do parágrafo recomenda que os Institutos evitem "toda manifestação de luxo, de lucro imoderado e de acúmulo de bens". Enfim, o que importa é a vivência real da fraternidade, da solidariedade e do serviço como resposta à vocação divina para a VR.

A obediência

14. Pela profissão da obediência, os religiosos oferecem a plena oblação da própria vontade como sacrifício de si mesmos a Deus, e por ele se unem mais constante e seguramente à vontade salvífica de Deus. Por isso, a exemplo de Jesus Cristo, que veio para fazer a vontade do Pai (cf. Jo 4,34; 5,30; Hb 10,7; Sl 39,9), e, "tomando a forma de servo" (Fl 2,7), aprendeu a obedecer por aquilo que padeceu (cf. Hb 5,8), os religiosos, sob a moção do Espírito Santo, sujeitam-se na fé aos superiores, vigários de Deus. Por estes são levados a servir todos os seus irmãos em Cristo, da mesma maneira que o próprio Cristo, por causa da sua sujeição ao Pai, serviu os irmãos e deu a sua vida para redenção de muitos (cf. Mt 20,28; Jo 10,14-18). Assim, unem-se mais estreitamente ao serviço da Igreja e procuram chegar à medida da estatura da plenitude de Cristo (cf. Ef 4,13).

---

14. A obediência. A obediência diz respeito àquela área da pessoa que trata da livre disposição do que devemos fazer. O termo "obediência" vem do latim *ob-audire*. Indica aquela atitude fundamental de quem se coloca diante de alguém na escuta de sua palavra. No caso da obediência religiosa, na escuta atenta da Palavra que vem de Deus. Aqui podemos distinguir uma primeira obediência e uma segunda. A primeira, coloca-nos todos à disposição da vontade de Deus. Na comunidade religiosa, todos e cada um de seus membros se colocam diante de Deus. Tendo como fundamento e pressuposto essa primeira obediência, podemos

Portanto, os religiosos, em espírito de fé, e de amor à vontade de Deus, sujeitem-se humildemente aos superiores, segundo as próprias Regras e Constituições, pondo as forças da inteligência e da vontade, bem como os dons da natureza e da graça, no cumprimento das ordens e na execução dos cargos que lhes forem confiados, sabendo que estão prestando a sua colaboração para a edificação do Corpo de Cristo, segundo o desígnio de Deus. Desta maneira a obediência religiosa, longe de diminuir a dignidade da pessoa humana, fá-la atingir o seu pleno desenvolvimento, aumentando a liberdade dos filhos de Deus.

---

prestar atenção também nas relações que ela deve gerar dentro da VR. Essa é a segunda obediência. "Os religiosos, por moção do Espírito Santo – diz o texto do Decreto –, sujeitam-se na fé aos superiores, vigários de Deus". Neste ponto nos detemos sobre uma dificuldade que o Concílio abordou: a práxis tradicional da obediência no contexto de uma visão patriarcal do papel do superior. O Concílio quer ir além dessa compreensão da obediência. Não quer falar de "súditos". A razão é que a comunidade religiosa se constitui, conforme a indicação conciliar, como fraternidade. Por isso, são importantes algumas considerações ao texto: (a) a natureza da obediência religiosa, no seu fundamento bíblico, tem caráter de oferenda de si mesmo em vista do Reino. Liga-se à história da salvação. Assim, supera-se uma compreensão estática e especulativa que vem da compreensão clássica da VR. A obediência religiosa nos orienta para o serviço da história da salvação; (b) a expressão acima usada, *vices Dei gerentes*, que os superiores são vigários de Deus ou fazem as vezes de Deus, traz a ambiguidade da teologia tradicional da obediência. O avanço do Concílio se situa no desenho de uma teologia espiritual que articula dimensão cristológica, eclesiológica e escatológica da obediência. Ela nos orienta para o seguimento histórico de Jesus,

Todavia os superiores, como quem terá de dar contas das almas que lhes foram confiadas (cf. Hb 13,17), mostrando-se dóceis à vontade de Deus no cumprimento do seu cargo, exerçam a autoridade em espírito de serviço a favor de seus irmãos, de tal maneira que sejam a expressão da caridade com que Deus os ama. Governem os súditos como filhos de Deus e com respeito pela pessoa humana, promovendo a submissão voluntária. Por isso, deixem-lhes de modo particular a devida liberdade no que toca ao sacramento da penitência e à direção espiritual. Levem os súditos a colaborar, com obediência ativa e responsável, no desempenho das funções e na aceitação das iniciativas. Procurem, por isso, os superiores ouvir os súditos e promover a colaboração deles, para bem do Instituto e da Igreja, mantendo todavia a sua autoridade para decidir e ordenar o que deve fazer-se.

---

um seguimento partilhado que constitui Igreja, um seguimento que tem como horizonte último o Reino; (c) a obediência religiosa não deve gerar uma atitude passiva e, digamos, até de resignação diante do superior. Em vista disso, o próprio texto nos ajuda a irmos adiante: "A obediência religiosa, longe de diminuir a dignidade da pessoa humana, fá-la atingir o seu pleno desenvolvimento, aumentando a liberdade dos filhos de Deus". Portanto, a obediência religiosa supõe o exercício pleno da liberdade e da corresponsabilidade de todos; (d) quanto aos superiores, o texto pede que sejam "dóceis à vontade de Deus no cumprimento do seu cargo, exerçam a autoridade em espírito de serviço a favor de seus irmãos, de tal maneira que sejam a expressão da caridade com que Deus nos ama". No exercício amoroso da autoridade os superiores expressam o amor libertador de Deus. O texto pede, além disso, que promovam a cooperação de todos, mantendo, porém, a própria "autoridade de decidir e prescrever o que deve

Os Capítulos e os Conselhos cumpram fielmente a sua função no governo, e, cada um a seu modo, exprimam a participação e a solicitude de todos os membros no bem da comunidade inteira.

---

ser feito". Enfim, na VR obedecem todos na liberdade de filhos(as) de Deus e irmãos(as) entre si. Consultar e dialogar faz parte do exercício da obediência, pois é a mesma obediência que une superiores e irmãos na comunidade.

A vida em comum

15. A vida em comum, a exemplo do que sucedia na primitiva Igreja, quando a multidão dos fiéis era um só coração e uma só alma (cf. At 4,32), alimentada pela doutrina evangélica, pela sagrada liturgia e sobretudo pela eucaristia, persevere na oração, e na comunhão do mesmo espírito (cf. At 2,42). Os religiosos, como membros de Cristo, tratem-se uns aos outros com recíproco respeito (cf. Rm 12,10), carregando uns os fardos dos outros (cf. Gl 6,2). Com efeito, mercê da caridade de Deus difundida nos corações pelo Espírito Santo (cf. Rm 5,5), a comunidade, como verdadeira família reunida em nome do Senhor, goza da sua presença (cf. Mt 18,20). E a caridade é a plenitude da lei (cf. Rm 13,10) e o vínculo da perfeição (cf. Cl 3,14), e sabemos que, mercê dela, fomos transferidos da morte para a vida (cf. 1Jo 3,14). Mais ainda, a unidade dos irmãos manifesta o advento de Cristo (cf. Jo 13,35; 17,21), e dela dimana uma grande virtude apostólica.

---

15. A vida em comum. Um dos pontos mais importantes da VR é a vida comum. O Decreto ressalta a ligação com a primeira comunidade cristã (cf. At 4,32). Hoje observamos o aumento de novas comunidades de vida, que se orientam também elas para a perfeição do amor a que toda a vida cristã deve tender. A renovação da VR, querida pelo Concílio, não se reduz, de forma alguma, a viver juntos sob a mesma regra e sob o mesmo teto. Ela tem que se estruturar como fraternidade, "carregando um o fardo do outro", superando o anonimato das grandes comunidades,

Mas, para que seja mais íntimo o vínculo da fraternidade entre os religiosos, aqueles que dão pelo nome de Irmãos Conversos, Coadjutores, ou outro nome, estejam estreitamente unidos à vida e aos trabalhos da comunidade. Se as circunstâncias não aconselharem verdadeiramente outra coisa, procure-se nos Institutos femininos chegar a uma só categoria de Irmãs. Conserve-se apenas aquela diversidade de pessoas que for exigida pela diversidade de trabalhos a que as Irmãs são destinadas ou por vocação particular de Deus ou por especial aptidão.

---

a distância entre os irmãos e mesmo a sobrecarga de trabalho. Em vista disso, a renovação institucional deve apontar para comunidades menores, humanamente viáveis. Se antes tínhamos grandes comunidades que pouco se interessavam pela pessoa dos irmãos, elas se tornaram difíceis para o cultivo da intersubjetividade ativa e criativa, transparente e respeitosa. O n. 25 das *Normae* nos oferece uma preciosa indicação: "Nos Institutos dedicados a obras de apostolado a vida comum, que é de grande importância para que os membros possam viver como irmãos, como uma família unida a Cristo, seja promovida com todos os meios, no modo que corresponda à vocação de cada Instituto". Por fim, o texto conciliar mostra preocupação com os chamados de "irmãos Conversos, Coadjutores ou outro nome". Recomenda que "estejam estreitamente unidos à vida e aos trabalhos da comunidade". Em especial, recomenda aos Institutos femininos que cheguem "a uma única categoria de irmãs", com a ressalva: "A não ser que as circunstâncias aconselhem outra coisa". Essas observações mantêm coerência com as indicações da Constituição Dogmática sobre a Igreja, da igualdade fundamental de todos os batizados na Igreja e, por outro, a centralidade que deve ter na vida comunitária a construção de uma autêntica fraternidade religiosa para o serviço a Deus e ao próximo.

Os mosteiros masculinos, porém, e os Institutos não meramente laicais, podem admitir, de harmonia com a sua natureza e segundo as próprias Constituições, clérigos e leigos, que terão os mesmos direitos e os mesmos deveres, exceto naquelas coisas que provêm da Ordem sacerdotal.

A clausura das monjas

16. A clausura papal mantenha-se em vigor para as monjas de vida estritamente contemplativa; seja, porém, adaptada às condições de tempo e lugar, e suprimam-se, depois de ouvido o parecer dos próprios mosteiros, os costumes que forem obsoletos.

As outras monjas que, por força do Instituto, se dedicam às obras externas do apostolado, sejam dispensadas da clausura papal, para poderem realizar melhor os encargos apostólicos que lhes forem confiados, conservando, porém, a clausura segundo as próprias Constituições.

A **quarta parte** da *Perfectae Caritatis* (nn. 16-18) ocupa-se de alguns problemas específicos: a clausura, o hábito religioso e a formação.

16. A clausura das monjas. O texto conciliar distingue entre clausura papal das monjas "de vida exclusivamente contemplativa" e a clausura de outras monjas que "se dedicam a obras externas de apostolado". A estas últimas não se exige a clausura estritamente papal. Para as primeiras, diz o texto, se conserve a "clausura papal"; para as segundas, sejam dela "eximidas". E acrescenta: "Preservem a clausura segundo as normas das Constituições". E acrescentam um detalhe: "Suprimindo-se os usos que forem obsoletos". É evidente que fica a tarefa do discernimento que os Institutos devem exercer constantemente. O importante é que em tudo devem os mosteiros cultivar o caráter de testemunho de sua própria vida, pois a vida consagrada é por si mesma evangelizadora (cf. *Documento de Puebla*, n. 721).

O hábito religioso

17. O hábito religioso, como sinal de consagração, seja simples e modesto, simultaneamente pobre e condigno, e, além disso, consentâneo com as exigências da saúde e acomodado às condições de tempo e lugar e às necessidades do ministério. O hábito, masculino ou feminino, que não estiver de harmonia com estas normas, deve ser mudado.

---

17. O hábito religioso. Sobre isso muito se discutiu no processo de renovação da VR no pós-Concílio. Uns a favor, outros contra. Mas o texto conciliar parece discreto. Ele se limita a afirmar que o hábito religioso é um sinal de consagração a Deus. Deve ser significativo para os nossos tempos. Mas é aqui que mora a dificuldade. Num mundo pluralista, o que parece significativo para uns é estranho para outros. De qualquer forma, gostaríamos de ressaltar os adjetivos usados pelo texto: o hábito "seja simples, modesto e pobre e, ao mesmo tempo, decente".

Formação dos religiosos

18. A conveniente renovação dos Institutos depende sobretudo da formação dos membros. Por isso, não se destinem às obras de apostolado, imediatamente depois do noviciado, os religiosos não clérigos e as religiosas; mas prolongue-se convenientemente, em casas aptas, a sua formação religiosa e apostólica, doutrinal e técnica, sem excluir até a consecução dos títulos acadêmicos.

---

18. Formação dos religiosos. Renovação pede formação. Esse é o grande desafio da VR nos tempos pós-conciliares. Antes do Concílio a VR tinha uma prática pedagógica estruturalmente assentada. Bem ou mal, funcionava. A assimilação de novos paradigmas pedagógicos modernos só acontece com o tempo. Mas o nosso tempo se caracteriza pela "aceleração" da história. O que conquistamos hoje se torna obsoleto amanhã! Fala-se então cada vez mais de formação permanente, formação continuada, "por toda a vida". A ideia que fica é que nunca estamos prontos. Para levarmos adiante essa tarefa estratégica da VR, o texto do Decreto aponta quatro pontos importantes: (a) a formação dos jovens religiosos deve ser não só profissional, mas, sobretudo, uma formação apostólica, para o mundo de hoje. Para isso os formandos devem conhecer a realidade com os instrumentos que o saber moderno nos fornece. Essa orientação está, sem dúvida, em consonância com a Constituição Pastoral *Gaudium et Spes*; (b) para responder à "aceleração das transformações históricas", exige-se, cada vez mais, a formação permanente ou continuada; (c) preocupação com a formação de formadores: para que sejam mais

Para que a adaptação da vida religiosa às exigências do nosso tempo não seja meramente externa, nem se dê o caso de aqueles que se destinam, por força do Instituto, ao apostolado externo, não se encontrarem preparados para o seu múnus, sejam convenientemente instruídos, segundo os dotes intelectuais e a índole pessoal de cada um, acerca dos hábitos e dos modos de sentir e pensar da vida social hodierna. A formação há de orientar-se de tal modo que, pela fusão harmônica dos seus elementos, concorra para dar unidade à vida dos religiosos.

Durante toda a vida, procurem os religiosos completar cuidadosamente esta cultura espiritual, doutrinal e técnica; e os superiores deem-lhes, tanto quanto puderem, oportunidade, meios e tempo.

É também dever dos superiores cuidar que os diretores, Mestres de espírito e professores sejam muito bem escolhidos e cuidadosamente preparados.

---

bem preparados para uma área tão sensível da VR; (d) essa formação deve contribuir "para a unidade de vida dos membros". Resta esperar que a VR encontre um processo pedagógico realmente atual, que acolha as sadias conquistas das ciências humanas e, ao mesmo tempo, tenha aquela unção espiritual que conduza os formandos à adesão a Deus na vivência do carisma próprio do Instituto. As *Normae* acrescentam ainda um aspecto, que hoje se tornou comum entre nós. São iniciativas levadas adiante pelas Conferências de Religiosos, como o Novinter e o Juninter e tantas outras. Diz o Texto: "Quando cada Instituto não pode oferecer formação doutrinal e técnica suficiente, pode-se suprir com a fraterna colaboração entre os vários Institutos" (n. 37).

Fundação de novos Institutos

19. Na fundação de novos Institutos, ponderem-se atentamente a necessidade ou pelo menos a grande utilidade, assim como a possibilidade de desenvolvimento, para que não surjam imprudentemente Institutos inúteis ou desprovidos de suficiente vigor. Promovam-se e

---

A **quinta parte** do Decreto *Perfectae Caritatis* se ocupa de algumas questões pontuais da VR (nn. 19-24). Vejamos:

19. Fundação de novos Institutos. Essa é uma questão, digamos, conjuntural. O nascimento de novos Institutos ou, para os nossos dias, de Novas Comunidades de Vida e outras vem de encontro a novas necessidades da Igreja para responder aos desafios da realidade. Para que realmente respondam a essas necessidades e à real "utilidade" e não sejam apenas fruto de desejos desligados da vida eclesial, o documento conciliar adverte: "Que não surjam por imprudência Institutos inúteis ou desprovidos do suficiente vigor". Essa observação faz sentido. Os carismas não podem ser submetidos a critérios individuais ou subjetivos nem aos caprichos de algum líder "carismático". É nesse sentido que a *Lumen Gentium*, n. 12b, nos diz que os carismas são dons do Espírito dados às pessoas para a edificação da Igreja, lembrando o critério, sempre válido, dado pelo Apóstolo Paulo à comunidade de Corinto (cf. 1Cor, 12–14). O texto da *Lumen Gentium* acrescenta um elemento que deve ser lembrado hoje mais do que nunca:

cultivem-se, de modo especial nas cristandades recentes, aquelas formas de vida religiosa que se adaptam à índole, costumes, tradições e situações dos seus habitantes.

"O juízo sobre a autenticidade e seu ordenado exercício compete aos que governam a Igreja". Isso quer dizer que a vivência dos carismas não diz respeito simplesmente à vida privada de uma pessoa ou grupo, mas à vida *pública* na Igreja. Por isso, o juízo sobre a autenticidade passa pela autoridade do ministério apostólico.

Conservação, adaptação e abandono das obras próprias

20. Os Institutos mantenham e desenvolvam com fidelidade as obras que lhes são próprias; e acomodem-nas, tendo em conta a utilidade da Igreja universal e das dioceses, às necessidades dos tempos e dos lugares, adotando os meios convenientes, e até mesmo novos, deixando porém de lado aquilo que hoje menos corresponde ao genuíno espírito e natureza de cada Instituto.

Conserve-se inteiramente o espírito missionário nos Institutos Religiosos, mas adapte-se, segundo a índole de

---

20. Conservação, adaptação e abandono das obras próprias. É o "eterno" problema dos Institutos, sobretudo de vida apostólica. A história está sempre em transformação. Torna obsoletas obras que, no passado, foram beneméritas. A longo prazo o tempo trabalha contra a longevidade dessas obras. O que acrescenta ainda dificuldade é a falta de pessoal. O que fazer? O que conservar? O que atualizar? O que abandonar? Com que critérios? O texto conciliar distingue entre obras que são úteis à Igreja, acrescentando a exigência de "adaptá-las às necessidades dos tempos e lugares"; e aquelas que se tornaram, de fato, obsoletas e que não respondem mais "ao espírito e à índole" do Instituto. Nesse caso, devem ser abandonadas. Alguns comentadores

cada um, às condições dos nossos dias, de tal maneira que a pregação do Evangelho se torne cada vez mais eficaz junto de todos os povos.

---

dessa parte do documento conciliar observam que o texto nada fala de uma experiência, que já crescia nos tempos do Concílio: a cooperação entre vários Institutos religiosos. Hoje, acrescentam, em muitos aspectos essa cooperação é uma realidade.

Institutos e mosteiros decadentes

21. Os Institutos e mosteiros que, ouvido o parecer dos Ordinários do lugar a quem dizem respeito, não derem, a juízo da Santa Sé, fundada esperança de vir a reflorescer posteriormente, proíbam-se de continuar a receber noviços e, se for possível, unam-se a outros Institutos ou mosteiros, que não difiram muito do seu fim e do seu espírito.

---

21. Institutos e mosteiros decadentes. Sinal claro de crise da VR, que já se manifestava antes mesmo do Concílio. São os Institutos ou mosteiros que vão, aos poucos, encolhendo. Poderíamos discutir sobre as causas desse fenômeno. Ficamos no texto: se esses Institutos ou mosteiros não oferecem "esperança fundada de tornarem a florescer", o caminho a seguir é não receberem mais noviços e unirem-se a outro "mais florescente" que não seja muito diferente na finalidade e no espírito. Essa orientação tem seu grau de sabedoria. Pensa nas pessoas mais do que nas Instituições. A pessoa do(a) religioso(a) é o valor maior a ser preservado. As *Normae* oferecem alguns critérios práticos para julgar sobre a oportunidade ou não do fechamento de um Instituto ou mosteiro, que devem ser considerados no seu conjunto: (1) "o pequeno número de religiosos em relação ao anos de existência"; (2) "a falta de candidatos por vários anos"; (3) "a idade avançada da maioria dos seus membros" (n. 41).

União de Institutos

22. Os Institutos e mosteiros *sui juris*, segundo a oportunidade e com a aprovação da Santa Sé, promovam entre si federações, se de algum modo pertencem à mesma família religiosa; ou uniões, se tiverem quase as mesmas Constituições e costumes e forem animados do mesmo espírito, sobretudo quando são demasiadamente pequenos; ou ainda associações, se praticam as mesmas ou semelhantes obras de apostolado.

---

22. União dos Institutos. O Decreto incentiva, neste número, a formação de "Confederações", Associações de Institutos e mosteiros independentes que "de algum modo pertencem à mesma família religiosa". Tal tendência deve ser considerada sadia. Incentiva a solidariedade e o cultivo da espiritualidade comum.

Conferências de Superiores Maiores

23. Devem favorecer-se as Conferências ou os Conselhos de Superiores Maiores eretos pela Santa Sé, que muito podem concorrer para a consecução mais perfeita do fim de cada Instituto, para promover colaboração mais eficaz em vista do bem da Igreja, e distribuição de operários do Evangelho em determinado território em forma mais equitativa, assim como para tratar os negócios comuns dos religiosos, estabelecendo-se coordenação e cooperação com as Conferências episcopais quanto ao exercício do apostolado. Estas Conferências podem-se também instituir para os Institutos seculares.

---

23. Conferências de Superiores Maiores. Esse parágrafo expressa uma importante realidade da VR das últimas décadas, as Conferências de Superiores Maiores ou, como é costume falar na América Latina e Caribe, as Conferências de Religiosos. Essas Entidades têm como objetivo a animação da VR em geral. Esse é o grande serviço que elas podem e devem prestar. Cabe evidentemente a cada Instituto aprofundar o carisma que lhe é próprio. Mas restam ainda tantas outras necessidades que podem ser solidariamente supridas: em algumas dimensões da formação, por exemplo, a dimensão humana, psicológica, intelectual etc. na definição de desafios a serem enfrentados, na melhor distribuição de pessoal. Por fim, como a VR é essencialmente eclesial, deve estar sempre presente na sua agenda o serviço ao Povo de Deus.

As vocações religiosas

24. Os sacerdotes e educadores cristãos empenhem-se seriamente para que a Igreja, por meio de vocações religiosas, devida e atentamente selecionadas, receba novo incremento que corresponda plenamente às suas necessidades. Mesmo na pregação ordinária fale-se mais frequentemente sobre a escolha dos conselhos evangélicos e do estado religioso. Os pais, ao educarem cristãmente os filhos, cultivem e protejam nos corações deles a vocação religiosa.

É lícito aos Institutos darem-se a conhecer para fomentar vocações e angariar candidatos, contanto que o façam com a devida prudência e segundo as normas dadas pela Santa Sé e pelos Ordinários do lugar.

---

24. As vocações religiosas. Essa é a última recomendação da *Perfectae Caritatis*. Na verdade, nenhum Instituto religioso pode garantir vida longa a serviço de Deus e da Igreja sem pensar nas vocações. Deve fazer como Jesus: convocar, acompanhar, iniciando os discípulos no seu seguimento. Mas há uma verdade que deve ser dita: o surgimento de vocações depende também da vitalidade da VR e de cada Instituto. Deve-se dizer ainda que tal vitalidade está estreitamente ligada à vitalidade da Igreja e à qualidade do serviço que se presta ao povo de Deus. A propaganda vocacional (hoje se fala até de *marketing*) pode ser útil, mas o decisivo é a formação de comunidades cristãs vivas, a vivência

Lembrem-se, porém, os religiosos de que o exemplo da própria vida é a melhor recomendação dos Institutos e o melhor convite para abraçar a vida religiosa.

---

familiar bem orientada. Enfim, como diz o texto: "O exemplo da própria vida é a melhor recomendação do seu Instituto e o mais eficaz convite para alguém abraçar a vida religiosa".

Conclusão

25. Os Institutos, para os quais se dão estas normas de adaptação e renovação, correspondam prontamente à sua vocação divina e à missão, a cumprir hoje na Igreja. O sagrado Concílio tem em grande apreço este gênero de vida, feita de virgindade, pobreza e obediência, vida de que foi exemplo o próprio Cristo Senhor nosso, e deposita firme esperança no seu trabalho tão fecundo, escondido ou patente. Todos os religiosos difundam portanto, no mundo inteiro, a Boa-Nova de Cristo, pela integridade da sua fé, pela caridade para com Deus e para com o próximo, pelo amor à cruz e esperança da glória futura, a fim de que o seu testemunho seja visível a todos e seja glorificado o nosso Pai que está nos céus (cf. Mt 5,16). Assim, por intercessão da dulcíssima Virgem Maria, Mãe de Deus, "cuja vida é para todos ensinamento",[1] desenvolver-se-ão cada dia mais e mais, e darão frutos de salvação mais abundantes.

---

[1] Santo Ambrósio, *De Virginitate*, L. 2, c. 2, n. 15.

---

25. Conclusão. Constitui um apanhado breve, sucinto, do essencial da VR, de sua dimensão teológico-espiritual, desenvolvido pelo Concílio na *Lumen Gentium* VI e no Decreto *Perfectae Caritatis*. Por fim, olhando para o futuro, exorta os religiosos a "difundirem em todo o mundo a Boa-Nova de Cristo". Esse é o testemunho que glorifica o Pai.

Promulgação

Todas e cada uma das coisas, que neste Decreto se publicaram, agradaram aos Padres do Sagrado Concílio. E nós, pela autoridade apostólica que nos concedeu Cristo, juntamente com os veneráveis Padres, as aprovamos no Espírito Santo, as decretamos e estabelecemos; e para glória de Deus, mandamos promulgar o que o Concílio estabeleceu.

Roma, junto de São Pedro, aos 28 de outubro de 1965.

Eu, PAULO, Bispo da Igreja Católica

(Seguem-se as assinaturas dos Padres Conciliares)

Impresso na gráfica da
Pia Sociedade Filhas de São Paulo
Via Raposo Tavares, km 19,145
05577-300 - São Paulo, SP - Brasil - 2012